Éliminez vos dettes en un clin d'oeil

La feuille de route stratégique et prouvée pour reconstruire vos finances, retrouver votre paix et atteindre une liberté financière durable immédiatement

—Sans stress

« La dette n'est pas la fin de votre histoire, ce n'est qu'un chapitre. À partir d'aujourd'hui, vous tenez la plume, et les pages suivantes sont consacrées à la liberté. »

rg.
REGINE GODEFROY
AUTHOR

📃 **Droits d'auteur**

Éliminez vos dettes en un clin d'oeil : La feuille de route stratégique et prouvée pour reconstruire vos finances, retrouver votre paix et atteindre une liberté financière durable immédiatement—Sans stress

Publié par Shopunlocked LLC

ISBN : 978-1-968744-18-2

Imprimé aux États-Unis d'Amérique

Première édition, 2025

Pour demander une autorisation, contactez :

📧 support@shopunlocked.com

🌐 www.shopunlocked.com

Cette page est laissée vierge intentionnellement

TABLE DES MATIÈRES

◇ PARTIE 1 – APPRENEZ

◇ PARTIE 2 – EXECUTEZ

PRÉFACE

> **C'est le livre que j'aurais aimé recevoir il y a quelques années.**

Soyons honnêtes une seconde.
La plupart des gens ne s'endettent pas parce qu'ils sont stupides.

Ils s'endettent parce qu'ils font ce qu'on leur a dit :

aller à l'école, acheter une voiture, aider leur famille,

utiliser leur carte pour faire les courses. Accepter l'offre « 0 % d'intérêt » parce qu'ils ont besoin de soins dentaires d'urgence. Célébrer de façon grandiose l'anniversaire de votre enfant même si le loyer est dû la semaine prochaine.

Les dettes ne naissent pas toujours de l'irresponsabilité.

Elles naissent de la volonté de *vivre* .

De la volonté de *survivre* .

De la volonté de *préserver sa dignité* tout en préservant l'équilibre.

Mais la honte ?

Oh, la honte persiste comme si elle était invitée.

Vous évitez de consulter votre application bancaire.

Vous restez silencieux lorsque votre partenaire vous demande : « As-tu déjà payé cette facture ? »

Vous acquiescez lorsque les gens parlent d'investissement... mais au fond de vous, vous vous demandez comment garder les lumières allumées.

Et le pire dans tout ça ?

Vous avez l'impression que c'est **de votre faute** .

Comme si vous avez fait une erreur quelque part. Comme si vous n'étiez pas doué avec l'argent. Comme si tout le monde savait quelque chose que vous ignorez.

Laissez-moi vous dire la vérité :

Vous n'êtes pas le problème. Le système a été conçu pour vous maintenir dans la confusion, occupé et suffisamment endetté pour ne jamais vraiment vous libérer.

Ils veulent que vous vous concentriez sur votre paiement minimum.

Ils veulent que vous soyez accrochés aux points de récompense. Ils veulent que vous soyez trop fatigué pour remettre en question les petits caractères en bas de page.

Parce que lorsque vous êtes endetté, vous êtes rentable – pour eux.

Mais ce livre ?

Ce livre parle de renverser le scénario.

Ce livre est votre autorisation pour arrêter d'avoir honte et commencer à vous sentir **puissant[e]** .

Il ne s'agit pas seulement de se libérer de ses dettes, mais de reprendre sa vie en main.

Il s'agit d'affronter les chiffres sans paniquer.

Il s'agit de se pardonner le passé et de prendre de nouvelles habitudes pour l'avenir. Il s'agit de prendre des décisions comme si on reprenait le contrôle, car on le retrouvera.

Dans ces pages, nous vous expliquerons tout cela :

- Les pièges émotionnels.
- Les calculs d'intérêt.
- Les habitudes qui vous épuisent silencieusement.
- Le plan qui fonctionne même si vous avez déjà échoué dans le passé.

Nous ne vous dirons pas simplement « gérez mieux votre budget ».

Nous vous montrerons *comment*. Nous ne nous contenterons pas de prôner la discipline. Nous vous aiderons à vous sentir suffisamment *en sécurité* pour la développer.

Ce livre s'adresse à ceux qui en ont assez de faire semblant,

de se cacher, de travailler dur et de se sentir toujours bloqués, et de voir l'argent disparaître aussi vite qu'il est arrivé.

Si c'est vous...

Vous êtes exactement là où vous devez être.

Non pas parce que tout est parfait.

Mais parce que **vous êtes enfin prêt[e] à agir.**

Pas besoin de plus de motivation. Il vous faut une méthode et un peu de fougue.

Ce livre vous présente les deux.

Tournons la page.

Avançons.

— Régine

◇ PARTIE 1 – APPRENEZ

Ce qu'on ne vous apprend jamais sur la dette

> *« Les dettes vous ont peut-être ralenti, mais elles ne vous ont pas brisé. La route qui s'ouvre à vous est la votre. »*

Cette page est laissée vierge intentionnellement

CHAPITRE 1

La dette et le lourd silence que nous portons

1.1– La honte dont personne ne parle

> *« J'évitais la boîte aux lettres. Chaque enveloppe me donnait l'impression d'une petite épisode de panique »*

La honte de la dette est profondément ancrée, non pas à cause du chiffre, mais à cause de l' **histoire que notre cerveau associe à ce chiffre.**

Réécrivez votre histoire

La honte liée à l'argent commence souvent tôt : on nous dit que nous avons « gaspillé de l'argent », que nous « aurions dû être plus prudents » ou que nos parents paniquent à cause des factures. Notre cerveau a associé *dette = mauvaise personne,* plutôt que *dette = mauvais système ou manque d'outils.*

Ces croyances ne sont pas permanentes : elles sont liées à l'émotion et non aux faits.

Aujourd'hui, vous pouvez dire à votre cerveau une nouvelle vérité :

> *« J'ai des dettes, mais je ne suis pas brisé.*
>
> *J'apprends.*
>
> *Je suis capable.*
>
> *Je guéris cette histoire. »*

Chaque fois que vous affrontez vos chiffres avec compassion, vous transformez cette honte en force. Sans jugement, continuez à lire...

✦Rencontrez Nadia✦

Elle est aide-soignante à domicile et mère célibataire de deux enfants. Elle travaille dur, s'occupe de ses enfants et veille toujours à ce qu'il y ait de quoi manger, même si cela implique de sauter des repas. Elle ne fait pas d'achats inutiles, ne part pas en vacances et n'a pas acheté de nouvelles chaussures depuis deux ans.

Et pourtant, **le solde de sa carte de crédit continue d'augmenter.**

Elle n'en parle à personne. Ni à ses sœurs. Ni à sa meilleure amie. Ni même à sa fille aînée, qui lui a demandé un jour : « Maman, pourquoi es-tu toujours inquiète après avoir ouvert le courrier ? »

Nadia n'est pas irresponsable. Elle est épuisée, surmenée et dépassée. Ses dettes ne proviennent pas d'écarts de shopping, mais **d'urgences, de frais de retard, de vêtements d'école et de loyers impayés.** De toute façon, elle en a honte.

C'est la douleur silencieuse que beaucoup d'entre nous portent.

La dette n'est pas seulement un chiffre financier, c'est un poids émotionnel.

Nous évitons d'ouvrir nos applications bancaires.

Nous nous sentons jugés, même si ce n'est que par notre propre regard. Nous effectuons des paiements minimums et prions pour que cela aille mieux le mois prochain. Mais ce n'est pas le cas. Et avec le temps, éviter la réalité **alimente l'endettement.** ✦

🔍 1.2– Pourquoi faire face à ses dettes est un acte de pouvoir.

Si vous lisez ce livre, vous avez déjà fait votre **premier pas audacieux** .

Ce « petit pas » seulement vous rend plus fort que la version de vous qui n'arrêtait pas de détourner le regard.

Vous n'avez pas choisi ce livre par hasard. Vous l'avez fait parce que quelque chose en vous est **prêt à cesser de courir, cesser de fuir**.

Voici quelque chose qu'ils ne nous ont jamais dit à l'école :

L'endettement n'est pas un défaut de caractère, c'est une blessure financière.

Et les blessures méritent d'être soignées, pas honteuses.

Vous n'êtes pas paresseux. Vous n'êtes pas brisé.

Vous essayez simplement de survivre avec les outils qui vous ont été donnés. Maintenant, nous allons en construire de meilleurs.

Faire face à vos dettes ne signifie pas que vous avez échoué.

Cela signifie que vous avez décidé **que vous méritez mieux** que de vivre dans la peur.

Vous pourriez avoir l'impression qu'affronter vos dettes confirme votre échec. En fait, c'est tout le contraire : **cela prouve que vous êtes prêt à changer.**

🔄 Réécrivez votre histoire

Le fait d'éviter est un mécanisme de survie cérébral. Si votre système nerveux a appris que faire face à l'argent engendre la peur ou le jugement, il vous a naturellement protégé en l'ignorant. Il ne s'agit pas de paresse, mais de **défense émotionnelle** .

La guérison commence lorsque nous revisitons ces moments avec une nouvelle sécurité.

Dites-vous :

> *« Je suis en sécurité maintenant.*
>
> *J'ai des outils que je n'avais pas avant.*
>
> *Je peux regarder ma dette et ne pas me figer.»*

C'est vous qui formez un nouveau chemin psychique où le courage remplace la peur, la clarté remplace la panique.

1.3– Ne laissez pas la peur voler votre liberté

La peur est le moyen qu'utilise le corps pour rester alerte, mais lorsqu'elle devient chronique, elle paralyse tout progrès. Vous n'êtes pas fait pour vivre dans la peur.

Réécrivez votre histoire

Si la peur de l'argent est toujours présente en arrière-plan (quand on dépense, qu'on ouvre des applications ou qu'on consulte son courrier), elle est probablement liée à une expérience ancienne : instabilité financière, pression familiale ou perte.

Votre cerveau a stocké cette peur pour « vous protéger ». Mais vous n'êtes plus dans le même moment.

Vous pouvez maintenant installer cette nouvelle vérit :

> *« Cette fois, je fais quelque chose de différent. Ma peur est un signal, pas un stop. »*

Chaque fois que vous faites une pause, respirez et choisissez le progrès plutôt que la panique, vous réintégrez la sécurité dans votre parcours financier.

Voici quelques vérités auxquelles s'accrocher lorsqu'il semble difficile de continuer :

- ✦ *« Vous n'êtes pas votre compte en banque. Vous êtes vos choix pour l'avenir. »*
- ✦ *« La dette est un sujet de discussion. Mais votre engagement pour le changement est encore plus fort. »*
- ✦ *« Vous ne pouvez pas réparer ce que vous n'affrontez pas, mais vous n'êtes pas obligé de l'affronter seul. »*
- ✦ *« La vraie force, c'est choisir de rester dans le combat même lorsque les chiffres vous effraient. »*

Quand vous vous sentez dépassé, revenez à ces pensées.

Collez-les sur votre miroir. Créez-en un comme fond d'écran. Vous ne lisez pas seulement un livre, vous construisez une vie meilleure.

🧠 1.4– Ce que ce livre fera – et ne fera pas

Il est important que vous sachiez que ce voyage n'est pas une question de pression, de perfection ou de prétention à la facilité.

🔄 Réécrivez votre histoire

Si vous avez échoué dans vos plans de remboursement de dettes ou vos tentatives de redressement financier, votre cerveau pourrait s'attendre à un nouvel échec. Il protège votre cœur.

Les récits d'échec peuvent s'incruster comme des cicatrices émotionnelles.

Adoucissons cela :

> *« C'était avant. C'est maintenant. Je ne répète pas, je reconstruis. »*

En lisant ceci, vous montrez déjà à votre système nerveux qu'apprendre peut être sûr, bienveillant et réalisable. C'est ça, le progrès.

Fixons maintenant les attentes.

☑ **Ce que ce livre** ***fera*** **:**

- Expliquer la dette et l'argent en **langage simple**
- Vous donner **des histoires réelles** et des exemples pertinents
- Proposer **des outils étape par étape** pour construire votre propre plan
- Marcher à vos côtés sans jugement

⊘ **Ce que ce livre** *ne* **fera pas :**

- Utiliser des termes financiers compliqués pour vous embrouiller
- Vous dire qu'une seule méthode convienne à tout le monde
- Promettre des miracles « sans dette instantanée »

Ce voyage est **le vôtre**. Vous réussirez en utilisant la stratégie qui vous correspond, et non la formule d'un autre.

▧ Auto-vérification

Commençons maintenant la partie la plus importante de la section 1 : **vous dire la vérité, doucement.**

Vous pourriez hésiter à écrire vos chiffres. C'est normal. C'est comme rédiger des blessures émotionnelles sur le papier.

Nous ne calculons encore rien . Nous commençons juste la conversation.

⯐ Exercice : Affronter le mur de la dette

Objectif :

Briser le silence et la peur. Commencez à lister toutes vos dettes honnêtement, sans jugement.

Quand :

Maintenant, avant de passer à autre chose.

Mesures:

1. Notez toutes les dettes que vous savez avoir.
    - Carte de crédit, prêt automobile, prêt étudiant, hypothèque, prêt personnel, etc.

2. Notez le **solde total** , **le taux d'intérêt** (si vous le connaissez), **le paiement mensuel** et **la durée pour laquelle vous l'avez** .
3. Laissez un espace supplémentaire : vous ajouterez plus de détails plus tard.

Cette liste s'allongera à mesure que vous comprendrez mieux. Considérez-la comme votre **carte financière.**

📝 Feuille de travail

Utilisez un cahier ou écrivez directement ici :

Type de dette	Montant	Taux d'intérêt	Minimum Paiement	Des mois/ années de dettes

Écrivez simplement ce que vous savez. Sans honte. Sans stress. C'est le début de votre percée.

- Type de dette (prêt étudiant, carte de crédit, prêt automobile, etc.)
- À qui devez-vous
- Solde total
- Taux d'intérêt (si vous le connaissez)
- Paiement mensuel
- Depuis combien de temps êtes-vous endetté ?

Cette liste s'allongera. Vous y reviendrez souvent, comme une carte. Pour l'instant, écrivez simplement honnêtement.

Exemple pratique

Type de dette	Montant	Intérêts (annuels)	Paiement minimum	Des années de dettes
Carte de crédit	5200 $	24,99%	160 $	3 ans
Prêt automobile	9000 $	7,5%	280 $	2 ans

🔄 Réécrivez votre histoire

Si l’énumération de vos dettes vous noue la gorge ou l’estomac, prenez le temps de vous en souvenir.

C’est votre cerveau qui fait remonter des émotions accumulées, et ce n’est pas grave.

Utilisez cet exercice non pas pour vous juger, mais pour commencer un nouveau modèle :

> *« J’ai le droit de regarder sans me punir.*
>
> *J’ai le droit de commencer sans avoir tout compris. »*

Écrire sa dette n’est pas seulement une question de mathématiques : c’est une forme de récupération.

Chaque chiffre que vous écrivez est un **lien psychologique qui vous libère de la honte** .

📲 Prêt à évaluer vos bases financières ?

👉 Répondez à ce **test :**

Construire des bases financières solides

Objectif :

Testez votre compréhension des principes de base de la budgétisation, du ratio dette/revenu, de la santé financière, des types de revenus et des catégories de dépenses (fixes ou variables).

Thèmes:

- Objectif et composantes du budget
- Ratio dette/revenu
- Évaluation de la santé financière
- Définitions du revenu
- Dépenses fixes vs. dépenses variables

📌 Résumé du chapitre : Ce que vous avez conquis

Vous avez surmonté la partie la plus difficile : le début.

Prenons un moment pour reconnaître ce que vous comprenez maintenant, car la conscience est la première étape vers la liberté.

- ☑ **Vous savez maintenant pourquoi il est si difficile d'affronter ses chiffres.**
- Éviter de réconcilier son compte en banque n'est pas de la paresse, mais une forme d'autoprotection émotionnelle.

- ☑ **Vous avez reconnu que la honte se nourrit du silence.**
- Beaucoup d'entre nous cachent leurs dettes à leurs proches, pensant être les seuls à en souffrir. Ce n'est pas le cas.
- ☑ **Vous avez vu comment la honte encourage à éviter, et le fait d'éviter mène à un endettement plus important.**
- Ce cycle n'est pas de votre faute, mais vous avez maintenant commencé à le briser.
- ☑ **Vous avez remporté votre première victoire.**
- Prendre ce livre, lire ce chapitre, c'est déjà un acte de courage.
- ☑ **Vous avez appris que l'endettement n'est pas un défaut de caractère.**
- C'est une blessure financière, et les blessures peuvent guérir avec des soins et une stratégie appropriés.
- ☑ **Vous comprenez qu'affronter vos dettes est un acte de pouvoir.**
- Observer vos chiffres, nommer vos peurs et décider de changer : c'est ainsi que commence la paix.
- ☑ **Vous avez commencé à vous raconter une nouvelle histoire.**
- Une histoire où votre passé ne détermine plus votre prochain mouvement. Où la discipline remplace la

panique. Où la liberté n'est plus un fantasme, mais un projet.

🕮 *Maintenant, respirez, regardez votre liste et rappelez-vous : j'ai déjà commencé.*

✵ Prochaine étape

Avant d'aller plus loin, prenez un moment pour reconnaître ce que vous venez d'accomplir. Vous avez brisé le silence. Vous avez regardé votre réalité avec courage plutôt qu'avec peur. C'est un pas énorme.

Mais une question importante se pose maintenant : *comment en sommes-nous arrivés là ?* Quels schémas, systèmes et messages silencieux ont conduit tant de personnes courageuses et travailleuses à s'endetter sans même s'en rendre compte ?

Dans le chapitre 2, nous explorerons ces réponses avec honnêteté et compassion, afin que vous puissiez arrêter de vous blâmer et commencer à comprendre ce qui s'est réellement passé.

CHAPITRE 2

Comment nous chutons (et pourquoi ce n'est pas de votre faute)

◇ 2.1– La société est bâtie sur l'emprunt

Ce n'est pas un hasard : il est bien plus difficile aujourd'hui d'éviter l'endettement que pour nos parents ou nos grands-parents. Partout où l'on regarde, l'emprunt est devenu la norme. On nous dit de financer nos études, de louer notre voiture, d'utiliser notre carte pour nos achats quotidiens et de « bâtir notre crédit » avant même de comprendre ce que signifie le crédit. Toutes les publicités nous murmurent le même message : *« Si vous le voulez, achetez-le maintenant. Payez plus tard. »*

Nous vivons dans un système conçu pour nous inciter à emprunter. Les salaires n'ont pas suivi la hausse du coût de la vie, et l'accès au crédit rapide est plus facile que l'accès à une éducation financière fiable. On nous donne des cartes de crédit avant même qu'on nous explique le fonctionnement des intérêts. Ce n'est pas seulement un problème d'argent, c'est un problème structurel. Et ce n'est pas votre faute.

Réécrivez votre histoire

Quand on voit des phrases comme « 0 % pendant 6 mois » ou « Achetez maintenant, payez plus tard », notre cerveau entend : *« C'est gratuit. C'est sûr. C'est intelligent. »* Mais ce qui nous échappe souvent, ce sont les **calculs** qui se cachent derrière.

Imaginons que vous financiez un canapé à 600 $ avec une promotion à 0 %. Vous devez le rembourser en 6 mois, sinon un taux d'intérêt de 29,99 % s'applique rétroactivement dès le premier jour. Si vous manquez un seul paiement ou le faites en retard, vous devez désormais près de 800 $. Ce n'est plus si bon marché.

Il en va de même pour le financement en magasin : un téléphone financé en plan mensuel, peut sembler gérable à 25 $/mois, mais si vous l'étalez sur 24 mois avec des frais de service supplémentaires, vous avez payé le double.

Si vous avez intériorisé la culpabilité d'être « tombé dans le piège », sachez ceci : votre système nerveux a peut-être appris très tôt que le confort à court terme était plus sûr que l'incertitude à long terme. Dites-vous :

> *« J'ai fait de mon mieux avec les moyens du bord. Maintenant, je fais d'abord les calculs. »*

◇ 2.2– On ne nous l'a jamais appris

Si vous avez terminé vos études secondaires sans savoir comment fonctionne un score de crédit, calculer les intérêts ou gérer un budget, vous n'êtes pas seul. La plupart des écoles n'enseignent toujours pas les bases de la finance personnelle. Par ailleurs, les familles évitent souvent le sujet par peur, honte ou manque de connaissances.

Décomposons certaines de ces phrases :

- **« Financer sa voiture »** signifie contracter un prêt pour payer une voiture sur une période donnée. Cela semble pratique, mais si le taux d'intérêt est élevé ou la durée du prêt longue, vous pourriez payer 30 000 $ pour un véhicule de 20 000 $, et devoir encore plus que sa valeur des années plus tard.
- **« Louer une voiture »** signifie louer la voiture à long terme. Les mensualités peuvent être moins élevées, mais au final, vous ne possédez rien (vous n'êtes pas propriétaire de la voiture). Vous avez payé pour une utilisation temporaire sans créer de valeur.
- **« Financer ses études »** signifie contracter un prêt étudiant. Aux États-Unis par exemple, l'emprunteur moyen doit 37 000 $ ou plus en prêts étudiants. Les études peuvent être un atout, mais si vous choisissez un diplôme à faible potentiel de rémunération et à coût élevé, vous risquez de vous retrouver piégé.
- **« Obtenir une carte de crédit »** évoque souvent la liberté. Mais chaque utilisation entraîne des intérêts invisibles, à moins de régler le solde intégral chaque mois. La plupart des gens ne le font pas, et avec le temps, les soldes s'alourdissent.

- **L'option « Achetez maintenant, payez plus tard »** peut fonctionner pour les petits achats réglés à temps, mais les paiements manqués entraînent des frais, une atteinte à votre score de crédit et des limites de paiement futures. Ce n'est pas un cadeau. C'est une facture différée.
- **L'« inflation »** signifie que votre argent perd de la valeur au fil du temps. Une course de 100 $ en 2019 peut coûter 130 $ aujourd'hui. Si vos revenus ne suivent pas l'inflation, vous prenez progressivement du retard.

Réécrivez votre histoire

Au lieu de rejouer l'histoire « J'aurais dû savoir mieux », changez-la en :

> *« Je ne suis pas en retard, je suis juste à temps pour apprendre ce qui compte maintenant. »*

Chaque chapitre que vous lisez, chaque idée que vous obtenez est un message envoyé à votre cerveau :

> *« Cette fois, je commence par la connaissance. »*

◇ 2.3– Pourquoi les bonnes personnes finissent par s'endetter

L'endettement n'est pas un échec moral. Il est souvent le résultat de bonnes intentions, d'urgences et d'une pression pour subvenir à ses besoins. Peut-être vouliez-vous que vos enfants se sentent normaux à l'école. Peut-être avez-vous eu un problème de santé. Peut-être n'étiez-vous tout simplement pas au courant. Ce sont des expériences humaines, et non des preuves d'irresponsabilité.

Mais il existe un autre piège : **vivre au-dessus de ses moyens sans s'en rendre compte.** Cela commence petit : un meilleur téléphone, un appartement plus agréable, une petite folie pour son anniversaire. On se persuade : « *C'est normal. Tout le monde le fait autour de moi.* » Et si vous avez grandi dans un foyer avec un certain style de vie, une partie de vous peut croire que « *se dévaloriser* » est un échec.

Au fil du temps, le cerveau se forge une croyance : « *Je dois continuer, même si ça fait mal.* » Et c'est à ce moment-là que les dégâts s'aggravent silencieusement.

🧠 Exercice de réveil

Demandez-vous :

Quelle histoire est-ce que j'essaie de prouver avec mon style de vie ?

Est-ce que je vis pour le confort ou pour les apparences ?

Si votre compte bancaire pouvait parler, dirait-il que vous êtes honnête quant à votre capacité ?

Essayez ceci :

Notez les **trois habitudes de vie les plus coûteuses** que vous entretenez aujourd'hui (voiture, appartement, téléphone, restaurants, etc.). Pour chacune d'elles, posez-vous les questions suivantes :

- Ai-je choisi cela par véritable besoin ou par habitude émotionnelle ?
- Serais-je gêné de le rétrograder ? Pourquoi ?
- Quel est le coût mensuel réel par rapport à ce que je gagne émotionnellement ?

Habitude de vie 1 :

____

____

____

Habitude de vie 2 :

____

____

____

Habitude de vie 3 :

____

____

____

Réécrivez votre histoire

Dites-vous :

> *« Je n'ai rien à prouver à personne. Ma valeur n'est pas liée à mon apparence. La vraie liberté, c'est avoir le choix, pas seulement mon apparence. »*

◇ 2.4– Le piège « d'urgence à urgence »

Vivre d'un salaire à l'autre n'est pas seulement épuisant, c'est aussi traumatisant. Sans marge de manœuvre, chaque écart, visite chez le médecin ou facture imprévue devient une crise. Alors, que se passe-t-il ? Vous empruntez. Encore et encore.

Ce cycle apprend à votre cerveau que l'argent est temporaire et que la survie est une question de chance. Avec le temps, il se construit la conviction que vous n'arriverez jamais à « prospérer ».

Mais voici la vérité : **vous pouvez briser ce cycle.** Et cela commence par en comprendre les fondements.

Si vous n'avez pas lu « ***Commencez Ici*** », le livre paru avant celui-ci , c'est le moment. Il aborde :

- Comment établir un budget pratique en utilisant la règle 50/30/20
- Pourquoi l'épargne passe avant le remboursement des dettes
- Comment séparer les besoins des désirs

- L'importance de suivre vos revenus et vos dépenses
- Comment fixer des objectifs d'épargne réalistes, même lorsque vous vous sentez en retard

Ce livre sur l'élimination des dettes s'appuie directement sur ces principes de base. Si la gestion d'un budget vous semble encore complexe, faites une pause et lisez « **Commencez Ici** » *également écrit par,* **Régine Godefroy** . Cela vous aidera à avancer avec confiance.	**Scannez le livre ici**

Réécrivez votre histoire

Au lieu de croire *qu'il n'y en a jamais assez,* passez à :

> *« J'ai maintenant les outils pour commencer. Mon histoire financière est réécrite à chaque choix que je fais. »*

◇ 2.5– Acheter la tranquillité d'esprit à crédit

Parfois, nous achetons non pas par désir, mais par besoin de soulagement. Acheter nous donne un sentiment de contrôle, même si ce n'est que pour un instant.

Ce sentiment est réel. Mais le prix à payer est tout aussi réel.

Parlons de la gratification, de la récompense émotionnelle d'un achat.

La gratification malsaine survient lorsque nous dépensons pour apaiser l'inconfort. On se sent bien pendant 30 minutes… puis la culpabilité s'installe.

La satisfaction saine vient de l'épargne, du report et de la planification. Cela peut paraître ennuyeux au début, mais procure une paix durable, sans regrets financiers.

Alors, quand vous dites : « Je mérite ça », demandez-vous : est-ce que je mérite 10 minutes d'évasion ou 10 mois de contrôle ?

🔄 Réécrivez votre histoire

Reconnaissez la racine émotionnelle : « *Je cherchais la paix, pas les produits. J'avais besoin de soulagement, pas de dettes supplémentaires.* » Commencez à prendre soin de vous sans dépenser. Chaque fois que vous prenez une pause et que vous faites des choix différents, vous reprogrammez votre système nerveux pour trouver la paix dans le contrôle, et non dans la consommation. Rappelez-vous :

> *« La discipline est une forme d'amour-propre. Ma paix viendra du pouvoir, pas des achats. »*

◇ 2.6– Donner en se noyant : le coût caché de la générosité

Parlons de générosité, celle qui est célébrée, louée et parfois… dangereuse.

🔎 **Cas réel :** donner de l'argent tout en ayant une hypothèque et une carte de crédit

✦Tania est une femme chaleureuse qui possède une petite propriété qu'elle loue 1500 $ par mois. Elle travaille également à temps partiel et a un revenu décent.

Elle est généreuse avec son argent : elle aide ses amis, envoie de l'argent a sa famille a l'étranger et adore recevoir la famille et les amis en fin de semaine.

Mais elle ne paie que le **minimum** sur son prêt immobilier et ses cartes de crédit chaque mois. Total des dettes :

- Solde hypothécaire : 110 000 $ à 6,5 %
- Carte de crédit : 5200 $ à 24,99 %

Son paiement mensuel de carte de crédit s'élève à environ 160 $. Elle a un jour dépensé 2000 $ pour aider un ami dans le besoin, alors qu'elle avait encore un solde de 25 % sur sa carte de crédit. Qu'en penses-tu ?

« C'est juste un petit paiement chaque mois, et je m'en sors bien. »

Voici la vérité :

- On lui facture plus de 1200 $ par an en intérêts sur sa carte de crédit.
- Elle prolonge son prêt hypothécaire à 30 ans et donne **des dizaines de milliers de dollars** à la banque.
- Elle pense qu'elle aide, mais son « futur moi » sera plus endetté et aura moins d'options.

> *Donner généreusement est une belle chose, mais pas si cela vous maintient enchaîné.*

Explorons pourquoi nous donnons :

- Certains donnent pour **se sentir utiles** , surtout lorsque leur estime de soi est liée au fait d'être nécessaire.
- D'autres donnent pour **éviter la culpabilité** , en disant oui par peur d'être traités d'égoïstes.
- Certains donnent pour obtenir **de la reconnaissance ou de la validation** , même inconsciemment.
- Certains croient que **le sacrifice est synonyme d'amour** , même lorsqu'il les épuise.

Et enfin, certains donnent parce que c'est tout ce qu'ils ont jamais vu comme exemple : la générosité comme moyen d'appartenance, de se sentir noble ou de faire face à leur propre traumatisme de pénurie.

Voici la vérité : **vous pouvez toujours être généreux. Mais avec une tasse pleine.**

> 💡 *« On ne peut pas verser d'une coupe vide. Débarrassez-vous d'abord de vos chaînes. Aidez les autres avec force. »*

Réécrivez votre histoire

Dites-vous :

> *« La véritable générosité naît de la force. Je protège mon avenir pour pouvoir donner encore plus tard, avec joie, et non avec ressentiment. »*

Investir dans ses rêves sans calculs mathématiques

L'énergie créatrice et l'excitation émotionnelle peuvent conduire à la cécité financière.

Le cas suivant devrait être très pertinent pour les créateurs, les artistes, les musiciens et les entrepreneurs inexpérimentés qui dirigent avec passion mais ignorent souvent les chiffres.

Cas réel : Le piège de la dette de l'artiste – Rêver et tomber dans le rouge

✦Marcus est un musicien talentueux. Son énergie est contagieuse et il a un grand cœur.

Il croit tellement en son don qu'il emprunte de l'argent – cartes de crédit, prêts personnels, et même auprès d'amis – pour organiser des événements qui, il en est *sûr* , feront sensation.

Il imagine le lancement comme un film : foule immense, longue file d'attente, bonne musique, bar plein, produits dérivés qui s'envolent. Il commence alors à dépenser pour le son, l'éclairage, les pamphlets, les tenues, le transport, l'équipe, les locations.

Mais voici le calcul après le spectacle :

- Recettes à la porte : 2100 $
- Part du bar : 0 $ (l'établissement l'a gardé)
- Dépenses : 4300 $
- Solde ROUGE : – 2200 $

Marcus hausse les épaules.

« C'est un *investissement*. La prochaine fois, je ferai mieux. »

Mais il recommence. Et encore. Il commence à mettre 50 $ par-ci, 100 $ par-là sur différentes cartes. Il devient normal d'avoir 8 000 à 10 000 $ de dettes « pour réaliser son rêve ».

👉 **Réalité :**

Si vous perdez constamment de l'argent, ce n'est pas un investissement, c'est **un pari sur l'espoir** .

> 💡 *« Utiliser son cerveau créatif est une belle chose, mais pas si cela vous fait ignorer les chiffres. Ce n'est pas rêver. C'est se bander les yeux. »*

▧ Auto-évaluation : le test « Rêve vs. Mathématiques »

Objectif : Aider les créateurs/artistes à vérifier les chiffres derrière les événements ou les lancements.

Étapes :

1. Notez tous les revenus attendus d'un projet (billets, ventes, pourboires).
2. Notez tous les coûts réels (avant/pendant/après).
3. Comparer : revenus – dépenses.
4. Écrivez une réflexion : s'agissait-il d'un profit, d'une perte ou d'un don a votre rêve ?

Feuille de travail

Revenus du projet	Montant
Billets réguliers	
Billets VIP	
Consommables	
Conseils	
Commanditaire 1	
Commanditaire 2	

Dépenses du projet	Montant
Transport de la bande	
Transport de l'artiste principal	
Logistique et indemnités journalières	
Vêtements	
Presse / Influenceurs	
Pamphlets	

Exemple pratique :

- Revenu : 2100 $ (porte) + 0 $ (bar) = 2100 $

- Dépenses : 1500 $ (logistique) + 800 $ (personnel) = 2300 $
- Résultat : –200 $
- Réflexion : « Je pensais gagner de l'argent, mais je n'ai pas vérifié le contrat du bar. Leçon : ne dépensez pas avant d'avoir confirmé vos revenus. »

◇ 2.7– Sujet de réflexion personnelle

Pensez à un moment où vous vous êtes senti submergé par l'argent.

- Qu'est-ce que tu as fait?
- Comment vous êtes-vous senti ?
- Que voudriez-vous que votre « futur vous » fasse différemment ?

🧠 2.8 – Le bilan du dialogue intérieur

Respirez profondément. Maintenant, demandez-vous :

> *Que dit votre voix intérieure à propos de votre argent aujourd'hui ? Si elle est cruelle, est-ce que cela vous aide ?*

Est-ce qu'il est écrit :

- « Je suis irresponsable. »
- « Je ne m'en sortirai jamais. »
- « Je suis en retard. J'ai honte. Je devrais savoir mieux. »

Ou pourrait-il dire quelque chose de nouveau :

- « J'ai déjà beaucoup appris. »
- « Je guéris les schémas que l'on ne m'a jamais appris à remettre en question. »
- « Je vais mieux qu'hier. »

Vous avez le droit de vous parler à vous-même avec la même compassion que vous portez aux autres. En fait, c'est nécessaire.

Que ce soit la voix que vous installez :

> *« Je ne suis pas mes erreurs passées. Je suis mon prochain choix intelligent. »*

📌 Résumé du chapitre : Ce que vous avez conquis

Tu n'es pas tombé par faiblesse. Tu es tombé parce que personne ne t'a montré les rebords. Maintenant tu les vois. Maintenant tu grimpes.

- **Pourquoi « acheter maintenant, payer plus tard » semble sûr, mais ne l'est généralement pas.** Ces offres sont présentées comme pratiques et inoffensives, mais elles comportent souvent des pièges qui coûtent plus cher à long terme.
- **Vous n'êtes pas brisé, on ne vous a jamais rien appris.** La plupart des gens n'ont jamais appris comment fonctionnent le crédit, les prêts ou les intérêts. Maintenant, vous apprenez avec un regard neuf.

- **Comment des choix bien intentionnés (aider les autres, poursuivre ses rêves) mènent souvent à une dette silencieuse.** Le problème n'est pas la gentillesse et l'ambition, mais le manque de planification. La solution réside dans la conscience et l'équilibre.
- **La différence entre la dépense émotionnelle et la véritable gratification.** L'une engendre la culpabilité, l'autre favorise la paix. Savoir laquelle est laquelle peut tout changer.
- **Il est important de se reprendre lorsque l'on vit au-dessus de ses moyens, ce qui semble normal.** L'inflation du mode de vie et la pression sociale peuvent tromper même les plus prudents d'entre nous.
- **Pourquoi vivre au jour le jour n'est pas seulement difficile, c'est un système auquel on peut échapper.** Il existe des mesures concrètes pour briser ce cycle et retrouver la paix intérieure.
- **La société profite de notre endettement.** Vous n'avez pas été ciblés parce que vous étiez faibles. Vous l'avez été parce que vous étiez humains.
- **Les dépenses émotionnelles sont compréhensibles, mais insoutenables.** Il ne s'agit pas de blâmer, mais de trouver des moyens plus sains d'apaiser et de se ressourcer.
- **La générosité est puissante, mais il faut d'abord protéger son propre masque à oxygène.** Donner

avec force permet de donner davantage, sans se briser.

- **Le véritable changement commence par dire la vérité avec compassion.** Ce chapitre vous a aidé à amorcer cette vérité. Et vous êtes toujours là. C'est un progrès.

Préparez-vous pour le chapitre 3, où nous plongeons dans le fonctionnement mathématique de la dette, dans la façon dont les intérêts **volent tranquillement votre avenir** et dans la façon dont vous pouvez reprendre le contrôle.

CHAPITRE 3

Le coût réel de la dette

Les chiffres et les jeux psychologiques

L*ogique et mécanisme financier* : C'est là qu'ils commencent à comprendre le piège : intérêts, amortissement, dette renouvelable.

De nombreuses personnes endettées n'ont jamais vraiment compris **comment** tout cela fonctionne.

Une fois qu'ils ont compris le calcul, ils cessent de se culpabiliser autant, ce qui les prépare à une réflexion émotionnelle plus profonde.

3.1 – Comment les dettes vous maintiennent dans la faillite (sans que vous vous en rendiez compte)

✦Nadia pensait être responsable. Elle payait sa carte de crédit tous les mois, sans jamais s'en passer. Mais elle ne regardait jamais attentivement son relevé. Trois ans plus tard, son solde n'avait pratiquement pas bougé.

Elle se sentait coincée. En colère. Gênée.

« J'ai payé fidèlement... comment puis-je encore devoir la même somme ? »

Voici pourquoi : la majeure partie de son paiement était destinée aux **intérêts** , et non à son solde réel. C'est le piège qui maintient des millions de personnes endettées année après année.

Les cartes de crédit et les prêts personnels sont conçus de manière à ce que les paiements minimums couvrent principalement les intérêts, ce qui permet de maintenir votre solde tout en épuisant lentement vos revenus.

Si vous ne payez que le minimum de 105 $ sur un solde de 5 000 $ à 24,99 %, il vous faudra environ **233 mois** pour le rembourser... Intérêts totaux que vous paierez : 19389,31 $

Total à rembourser : 24389,31 $

C'est ainsi que la dette vous maintient dans la faillite : en vous donnant l'illusion du progrès alors que votre richesse s'évapore.

🔄 Réécrivez votre histoire

Si vous vous êtes déjà dit : *« Je fais ce que je peux, mais rien ne change »*, souvenez-vous de ceci : ce ne sont pas vos calculs qui sont en panne, mais le système. Votre système nerveux a peut-être appris à apprécier les petits paiements sans savoir qu'ils ne vous aident pas vraiment.

Dites-vous :

> *« Maintenant, je comprends le piège. Maintenant, j'avance avec clarté. »*

Prenons l'exemple d'un prêt personnel de 5000 $ à un taux d'intérêt annuel de 26,99 %. Ce prêt est remboursable en 5 ans et débute en août 2025.

Résumé du résultat RÉEL :

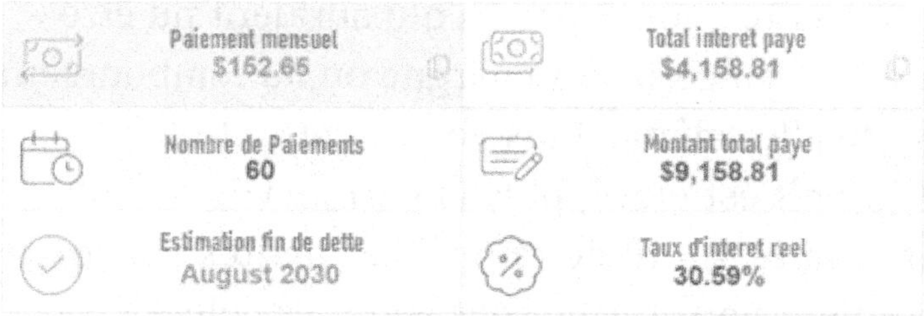

Voici le détail de ce qui se passe réellement lorsque vous effectuez des paiements réguliers :

De 2025 à 2028, la majeure partie de vos paiements est consacrée aux intérêts (ceux-ci sont pré-remboursés ; autrement dit, la banque récupère son argent en premier). De 2028 à 2030, la majeure partie de vos paiements est consacrée au capital (le montant dû initialement).

Annee	Paiement	Capital	Interet	Balance
Aout 2025	-	-	-	$5,000.00
2025	$610.60	$166.26	$444.33	$4,833.74
2026	$1,831.80	$597.49	$1,234.27	$4,236.25
2027	$1,831.80	$780.27	$1,051.49	$3,455.98
2028	$1,831.80	$1,018.98	$812.78	$2,437.00
2029	$1,831.80	$1,330.70	$501.06	$1,106.30
2030	$1,221.20	$1,106.30	$114.88	$0.00
Total Final	$9,158.81	$5,000.00	$4,158.81	$0.00

🔎 Comment les intérêts rongent vos revenus

Les intérêts sont en quelque sorte le « loyer » que vous payez pour utiliser l'argent d'autrui. Chaque mois, un pourcentage du solde d'un prêt ou d'une carte de crédit est ajouté sous forme d'intérêts. Ce paiement ne réduit pas votre dette ; il s'agit simplement d'un coût d'emprunt.

Si vous devez 5 000 $ à un taux d'intérêt annuel de 24 %, vous payez environ 100 $ par mois en intérêts seulement. Cela représente 1200 $ par an qui auraient pu être consacrés à l'épicerie, à l'épargne ou au remboursement de la dette elle-même. Plus vous devez, et plus le taux d'intérêt est élevé, plus la part de vos revenus est importante. Au fil du temps, ces petites dépenses s'accumulent pour former des sommes colossales dépensées uniquement pour le privilège de devoir de l'argent.

> *Une dette à taux d'intérêt élevé signifie que vous travaillez dur pour enrichir le prêteur au lieu de créer votre propre richesse.*

🔎 Explication des paiements minimums

Un paiement minimum est le montant minimum que votre prêteur acceptera de recevoir de vous, pour maintenir votre compte en règle. Il vise à protéger le prêteur, et non à vous aider à vous désendetter rapidement.

Les cartes de crédit fixent souvent le minimum comme suit :

Un pourcentage fixe de votre solde (par exemple, 2 % à 4 %) ou

Intérêts du mois + 1% de votre capital

Sur un solde de 5 000 $ à un taux d'intérêt annuel de 24,99 %, le minimum pourrait être d'environ 100 $ à 150 $. Ne payez que le minimum, et la majeure partie de cet argent servira aux intérêts, une infime partie seulement réduisant le solde réel (votre capital). Par conséquent, le remboursement de la dette peut prendre des années, voire des décennies, et vous rembourserez plusieurs fois le montant emprunté.

> *Les paiements minimums vous maintiennent à flot, mais ne vous rapprochent pas du rivage.*

Intérêts composés en silence

La capitalisation consiste à appliquer des intérêts non seulement sur votre solde initial, mais aussi sur les intérêts impayés des mois précédents. C'est pourquoi la dette peut sembler s'alourdir, même si vous effectuez vos paiements.

Voici comment cela fonctionne :

Mois 1 : Vous devez 5000 $. Un intérêt de 2 % ajoute 100 $. Nouveau solde = 5100 $.

Mois 2 : Les intérêts sont calculés sur 5100 $, et non sur les 5000 $ initiaux. Cela ajoute 102 $, ce qui augmente le solde.

Cela se répète chaque mois : intérêts sur intérêts.

Comme cela se produit discrètement en arrière-plan, vous ne remarquerez peut-être pas combien cela vous coûte jusqu'à ce que le solde ait gonflé.

> *La capitalisation peut jouer en votre faveur en matière d'épargne, mais elle est votre ennemi en matière de dette.*

3.2– Qu'est-ce que l'amortissement ?

Imaginons que vous contractiez un prêt auto de 20 000 $ à 7 % d'intérêt sur 5 ans. Le concessionnaire vous annonce que la mensualité est de 396 $. Vous vous dites : *« Je peux me le permettre. »*

Mais la vérité est la suivante : la première année, la majeure partie de ces 396 $ servira aux **intérêts** , et non au prêt auto lui-même. Vous ne commencerez réellement à rembourser le capital qu'à partir de la deuxième ou de la troisième année.

Ce système est appelé **amortissement** : il s'agit d'une structure dans laquelle vos paiements sont les mêmes chaque mois, mais la répartition entre les intérêts et le capital **évolue lentement** au fil du temps.

Cela donne l'impression que le prêt *est gérable,* mais retarde votre progression réelle.

C'est pourquoi votre relevé de prêt peut être choquant. Vous avez payé des milliers de dollars, et pourtant le solde n'a pratiquement pas bougé.

Voici un récapitulatif visuel à partir d'août 2025 par exemple :

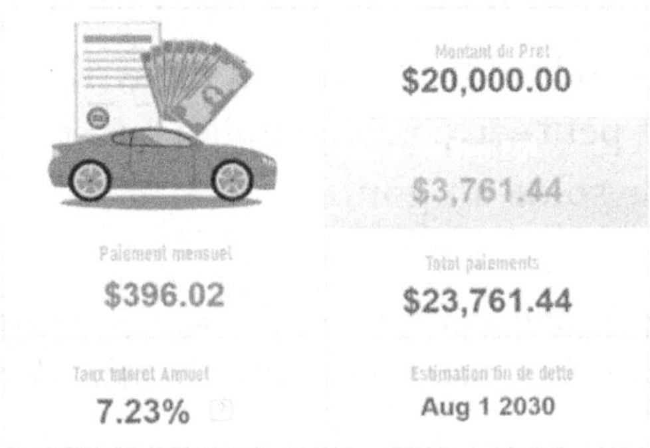

Remboursements de prêts automobiles par mois

Date de paiement	Paiement	Principal	Intérêt	Dette
Août 2025	-	-	-	20 000,00 $
Septembre 2025	396,02 $	279,36 $	116,67 $	19 720,64 $
octobre 2025	396,02 $	280,99 $	115,04 $	19 439,66 $
Novembre 2025	396,02 $	282,63 $	113,40 $	19 157,03 $
Décembre 2025	396,02 $	284,27 $	111,75 $	18 872,76 $
2025	**1 584,10 $**	**1 127,24 $**	**456,85 $**	**18 872,76 $**
Janvier 2026	396,02 $	285,93 $	110,09 $	18 586,82 $
Février 2026	396,02 $	287,60 $	108,42 $	18 299,22 $
Mars 2026	396,02 $	289,28 $	106,75 $	18 009,94 $
Avril 2026	396,02 $	290,97 $	105,06 $	17 718,98 $
Mai 2026	396,02 $	292,66 $	103,36 $	17 426,31 $
Juin 2026	396,02 $	294,37 $	101,65 $	17 131,94 $
Juillet 2026	396,02 $	296,09 $	99,94 $	16 835,86 $
Août 2026	396,02 $	297,81 $	98,21 $	16 538,04 $
Septembre 2026	396,02 $	299,55 $	96,47 $	16 238,49 $
octobre 2026	396,02 $	301,30 $	94,72 $	15 937,19 $
Novembre 2026	396,02 $	303,06 $	92,97 $	15 634,13 $
Décembre 2026	396,02 $	304,82 $	91,20 $	15 329,31 $
2026	**4 752,29 $**	**3 543,45 $**	**1 208,84 $**	**15 329,31 $**
Janvier 2027	396,02 $	306,60 $	89,42 $	15 022,70 $
Février 2027	396,02 $	308,39 $	87,63 $	14 714,31 $
Mars 2027	396,02 $	310,19 $	85,83 $	14 404,12 $
Avril 2027	396,02 $	312,00 $	84,02 $	14 092,12 $
Mai 2027	396,02 $	313,82 $	82,20 $	13 778,30 $
Juin 2027	396,02 $	315,65 $	80,37 $	13 462,65 $
juillet 2027	396,02 $	317,49 $	78,53 $	13 145,16 $
Août 2027	396,02 $	319,34 $	76,68 $	12 825,82 $
Septembre 2027	396,02 $	321,21 $	74,82 $	12 504,61 $
octobre 2027	396,02 $	323,08 $	72,94 $	12 181,53 $
Novembre 2027	396,02 $	324,97 $	71,06 $	11 856,56 $
Décembre 2027	396,02 $	326,86 $	69,16 $	11 529,70 $
2027	**4 752,29 $**	**3 799,60 $**	**952,68 $**	**11 529,70 $**

janvier 2028	396,02 $	328,77 $	67,26 $	11 200,94 $
Février 2028	396,02 $	330,69 $	65,34 $	10 870,25 $
Mars 2028	396,02 $	332,61 $	63,41 $	10 537,64 $
Avril 2028	396,02 $	334,55 $	61,47 $	10 203,08 $
Mai 2028	396,02 $	336,51 $	59,52 $	9 866,58 $
Juin 2028	396,02 $	338,47 $	57,56 $	9 528,11 $
juillet 2028	396,02 $	340,44 $	55,58 $	9 187,66 $
Août 2028	396,02 $	342,43 $	53,59 $	8 845,23 $
Septembre 2028	396,02 $	344,43 $	51,60 $	8 500,81 $
octobre 2028	396,02 $	346,44 $	49,59 $	8 154,37 $
Novembre 2028	396,02 $	348,46 $	47,57 $	7 805,92 $
Décembre 2028	396,02 $	350,49 $	45,53 $	7 455,43 $
2028	**4 752,29 $**	**4 074,28 $**	**678,01 $**	**7 455,43 $**
janvier 2029	396,02 $	352,53 $	43,49 $	7 102,89 $
Février 2029	396,02 $	354,59 $	41,43 $	6 748,30 $
Mars 2029	396,02 $	356,66 $	39,37 $	6 391,64 $
Avril 2029	396,02 $	358,74 $	37,28 $	6 032,90 $
Mai 2029	396,02 $	360,83 $	35,19 $	5 672,07 $
Juin 2029	396,02 $	362,94 $	33,09 $	5 309,13 $
juillet 2029	396,02 $	365,05 $	30,97 $	4 944,08 $
Août 2029	396,02 $	367,18 $	28,84 $	4 576,90 $
Septembre 2029	396,02 $	369,33 $	26,70 $	4 207,57 $
octobre 2029	396,02 $	371,48 $	24,54 $	3 836,09 $
Novembre 2029	396,02 $	373,65 $	22,38 $	3 462,44 $
Décembre 2029	396,02 $	375,83 $	20,20 $	3 086,62 $
2029	**4 752,29 $**	**4 368,81 $**	**383,48 $**	**3 086,62 $**
janvier 2030	396,02 $	378,02 $	18,01 $	2 708,60 $
Février 2030	396,02 $	380,22 $	15,80 $	2 328,38 $
Mars 2030	396,02 $	382,44 $	13,58 $	1 945,93 $
Avril 2030	396,02 $	384,67 $	11,35 $	1 561,26 $
Mai 2030	396,02 $	386,92 $	9,11 $	1 174,34 $
Juin 2030	396,02 $	389,17 $	6,85 $	785,17 $
juillet 2030	396,02 $	391,44 $	4,58 $	393,73 $
Août 2030	396,02 $	393,73 $	2,30 $	0,00 $

Imaginez maintenant ce système qui englobe les prêts hypothécaires, les prêts étudiants et les prêts personnels. Ce n'est pas une coïncidence. C'est un modèle conçu pour maximiser les profits.

Les banques gagnent lorsque vous payez lentement.

🔧 Mini exemple mathématique

- Prêt de 20 000 $ à 7 % sur 60 mois
- Total payé : 23 761,44 $
- Intérêts payés : 3 761,44 $
- Coût réel = près de 19 % de plus que le prix affiché

Recapitulons :

- Prêts amortis, paiements minimums et intérêts quotidiens
- Exemple visuel d'une répartition d'un prêt sur 5 ans
- Pourquoi l'égalité des paiements ne signifie pas l'égalité des progrès

3.3– Cartes de crédit vs. Prêts vs. Lignes de crédit

- Explication de la dette renouvelable et de la dette à tempérament
- Comment ils fonctionnent
- Lequel vous piège le plus rapidement ?

Toutes les dettes ne fonctionnent pas de la même manière. Pour reprendre le contrôle, il est essentiel de comprendre la structure des outils :

✧**Les cartes de crédit** sont une forme de dette *renouvelable* Vous empruntez, remboursez, puis empruntez à nouveau. Mais les intérêts s'accumulent **quotidiennement** . C'est pourquoi elles sont les plus dangereuses si elles ne sont pas remboursées intégralement chaque mois.

Les intérêts des cartes de crédit **sont calculés quotidiennement** et non mensuellement.

Voici comment cela fonctionne en pratique :

1. **Méthode du solde quotidien**
    - Votre société de carte de crédit calcule votre solde **chaque jour** .
    - Ils prennent votre **taux d'intérêt annuel,** le divisent par 365 pour obtenir le **taux périodique quotidien.**
    - Exemple : 18,99 % ÷ 365 ≈ **0,052 % par jour**
2. **Intérêts accumulés quotidiennement**
    - Chaque jour, ils multiplient votre solde par le taux journalier et ajoutent cet intérêt à votre total courant pour le mois.
    - Si vous ne payez pas l'intégralité de votre solde, des intérêts sont ajoutés **à votre solde** , et les intérêts du lendemain sont calculés sur le nouveau solde, légèrement supérieur. C'est ce qu'on appelle **la capitalisation quotidienne**

3. **À la fin du cycle de facturation**

- Tous ces frais d'intérêt quotidiens sont additionnés et comptabilisés sur votre compte sous la forme d'un seul **frais d'intérêt total** .
- Ensuite, votre mois suivant commence avec ce nouveau solde plus élevé, à moins que vous n'ayez payé suffisamment pour le couvrir.

Pourquoi c'est important :

Si vous effectuez un paiement **en cours de cycle** , votre solde quotidien diminue immédiatement, ce qui réduit les intérêts accumulés pour le reste de la période de facturation. C'est pourquoi **payer plus d'une fois par mois** peut vous permettre d'économiser sur les intérêts.

Voici l'accumulation quotidienne des intérêts pour un solde de carte de crédit de 1000 $ à 18,99 % taux d'intérêt annuel sur un mois de 30 jours, avec des intérêts ajoutés quotidiennement :

Jour	Montant	Intérêt ajouté
1	1000,52 $	0,52 $
2	1001,04 $	0,52 $
3	1001,56 $	0,52 $
...	...	...
28	1014,67 $	0,53 $
29	1015,20 $	0,53 $
30	1015,73 $	0,53 $
Paiement	**990,73 $**	—

Résumé du mois

- **Solde de départ :** 1000,00 $
- **Solde final avant paiement :** 1015,73 $
- **Intérêts totaux ajoutés ce mois-ci :** 15,73 $
- **Paiement minimum (2 % ou 25 $ min) :** 25,00 $
- **Capital payé :** 9,27 $
- **Solde final après paiement :** 990,73 $

Ce que cela montre :

même si vous avez effectué le paiement minimum de 25 $, **plus de 60 %** de ce montant (25 $) a servi aux intérêts du mois, et seulement **9,27 $** ont réduit la dette réelle. Le mois suivant, les intérêts s'accumuleront à nouveau **quotidiennement** sur 990,73 $, vous endetterant pendant des années si vous vous en tenez au minimum. Ce livre a été écrit pour vous montrer comment ÉVITER ce scénario !

✧**Les prêts personnels et les prêts automobiles** sont des prêts *à tempérament* . Vous empruntez une somme forfaitaire et remboursez échelonnéement. Les intérêts sont souvent fixes et suivent un plan d'amortissement.

Comment ça marche

1. Emprunt forfaitaire

Avec un prêt personnel ou un prêt automobile, le prêteur vous donne le montant total du prêt (le **capital**) à l'avance.

- Les prêts personnels peuvent être utilisés pour presque tout (consolidation de dettes, réparations, factures médicales).
- Les prêts automobiles sont liés à l'achat d'un véhicule spécifique.

2. Intérêt fixe

La plupart de ces prêts ont un **taux d'intérêt fixe** , c'est-à-dire, le pourcentage que vous payez au prêteur pour emprunter de l'argent.

- Comme le taux est fixe, votre mensualité reste la même pendant toute la durée du prêt.
- Cela rend le montant prévisible et plus facile à budgétiser.

3. Tableau d'amortissement (voir ci-dessus)

Un tableau d'amortissement est comme un plan de paiement pour le prêt :

- Il montre comment chaque paiement mensuel est divisé entre **les intérêts** et **le capital** .
- Au cours des **premiers mois** , la majeure partie de votre paiement est consacrée aux intérêts, et seule une petite partie réduit le capital.
- Au cours des **derniers mois** , c'est l'inverse qui se produit : une plus grande partie de votre paiement est consacrée au capital, car les intérêts sont calculés sur un solde restant plus petit.

Exemple :

Si vous empruntez 10 000 $ sur 5 ans à un taux d'intérêt annuel de 7 % :

- Premier versement : environ **58 $** sont consacrés aux intérêts et **140 $** au capital.
- À mi-chemin : environ **33 $** d'intérêts, **165 $** de capital.
- Dernier paiement : la quasi-totalité est consacrée au capital.

Pourquoi c'est important

Paiements prévisibles

- Un taux d'intérêt fixe et un calendrier d'amortissement signifient que vous savez exactement combien vous devez chaque mois — sans surprises.
- Cela aide à établir un budget et à planifier d'autres objectifs financiers.

Coût total des intérêts

- Étant donné que les intérêts sont facturés en avance au cours des premiers mois, payer un supplément sur le capital dès le début peut **réduire considérablement le montant total des intérêts payés** et raccourcir la durée du prêt.

- Exemple : Payer 100 $ de plus par mois sur un prêt de 5 ans pourrait réduire **d'un an** le remboursement et **économiser des centaines de dollars** en intérêts.

Différent des cartes de crédit

- Les prêts à tempérament ont une date de remboursement fixe : vous pouvez voir le bout du tunnel.
- Les cartes de crédit sont **des crédits renouvelables** sans date de remboursement fixe et les intérêts peuvent varier mensuellement.

Les lignes de crédit fonctionnent comme des cartes de crédit, mais offrent souvent des taux d'intérêt plus bas. Elles peuvent être des outils puissants si elles sont utilisées stratégiquement, mais dangereuses si elles sont traitées comme de l'argent gratuit.

Comment ça marche

Une **ligne de crédit** est un compte d'emprunt flexible.

- La banque fixe un **montant maximum** que vous pouvez emprunter (votre limite de crédit).
- Vous pouvez **emprunter, rembourser et emprunter à nouveau** selon vos besoins, de la même manière qu'une carte de crédit.
- Vous ne payez d'intérêts que sur le montant que vous utilisez réellement, et non sur la limite totale.

Exemple:

- Votre limite de Ligne de Crédit : **10 000 $**
- Vous utilisez 3 000 $ pour des réparations à la maison.
- Vous ne payez d'intérêts que sur les 3 000 $, et non sur la totalité des 10 000 $.
- Si vous remboursez 1 000 $, votre crédit disponible passe à 8 000 $ et vous pouvez emprunter à nouveau sans faire de nouvelle demande.

Les lignes de crédit peuvent être :

- **Crédit personnel** — non garanti, basé sur votre solvabilité.
- **Crédit sur valeur Immobilière** — garanti par la valeur de votre maison.
- **Crédit pour entreprises** — pour les dépenses des petites entreprises.

Exemple concret du fonctionnement d'une ligne :

Une **ligne de crédit (LC)** liée à votre compte courant fonctionne comme un filet de sécurité invisible. Imaginez que vous ayez 200 $ sur votre compte courant et que votre LC soit limitée à 5 000 $. Vous faites un chèque de 500 $ pour payer votre loyer. Normalement, votre compte serait négatif, mais avec la LC, la banque transfère automatiquement 300 $ de la ligne de crédit sur votre compte courant pour combler le manque à gagner. Cela empêche votre compte de rebondir et évite les frais de découvert. Or, vous devez maintenant 300 $ sur la LC. À partir de ce jour, les intérêts commencent à courir **uniquement sur les 300 $ utilisés** , et non sur la totalité de la limite de 5 000 $. Si votre prochain chèque de paie de 1000 $ est déposé, la banque peut automatiquement rembourser les 300 $ plus les intérêts, et le solde de la LC revient à zéro, prêt à être utilisé ultérieurement. En pratique, votre relevé montrera l'argent **entrant** de la ligne de crédit lorsque vous dépensez trop et **sortant** pour le rembourser lorsque vous déposez des fonds, presque comme une porte tournante d'argent liquide.

Jour	Événement	Vérification du solde avant	Solde LC avant	Montant	Intérêt aujourd'hui	Vérification du solde après	Solde LC après
1	Paiement du loyer (avance sur loyer de 300,00 $)	200,00 $	0,00 $	-500,00 $	0,00 $	0,00 $	300,00 $
5	Épicerie (avance LC 120,00 $)	0,00 $	300,30 $	-120,00 $	0,07 $	0,00 $	420,30 $
10	Dépôt de salaire	0,00 $	420,81 $	1 000,00 $	0,10 $	579,19 $	0,00 $
15	Réparation automobile (avance LC 20,81 $)	579,19 $	0,00 $	-600,00 $	0,00 $	0,00 $	20,81 $
20	Achats en ligne (avance LC 250,00 $)	0,00 $	20,84 $	-250,00 $	0,01 $	0,00 $	270,84 $

Pourquoi c'est important

Avantages potentiels

- **Des taux d'intérêt inférieurs** à ceux de la plupart des cartes de crédit les rendent utiles pour couvrir des coûts importants à court terme.

- **Flexibilité** — empruntez uniquement ce dont vous avez besoin, quand vous en avez besoin.
- **Pas de paiements fixes** comme pour un prêt à tempérament : vous pouvez le rembourser par anticipation sans pénalité.

Dangers potentiels

- Si vous le traitez comme de l'« argent gratuit » et continuez à emprunter sans plan, vous risquez de **vous retrouver dans un cycle d'endettement** .
- La flexibilité peut être tentante : de petits achats ici et là peuvent tranquillement s'accumuler pour former un solde important.
- S'il s'agit d'un prêt garanti (comme une marge de crédit hypothécaire), les paiements manqués pourraient mettre votre **maison ou vos biens en danger** .

> *Une ligne de crédit peut être un outil financier judicieux pour les urgences ou les dépenses planifiées* **si vous l'utilisez avec discipline** *. Sans discipline, c'est aussi dangereux que de dépenser une fortune sur une carte de crédit, mais les enjeux peuvent être encore plus importants.*

Qu'est-ce qui vous piège le plus ? Les cartes de crédit. Parce qu'elles permettent de dépenser peu, de se sentir maître de soi et de ne pas se rendre compte de la rapidité avec laquelle les intérêts s'accumulent.

> **« Les dettes vous piègent le plus lorsqu'elles semblent inoffensives. »**

3.4– Votre argent, votre pouvoir : ne le laissez pas stagner et rétrécir

À moins que vous ne travailliez avec une **stratégie spécifique de création de crédit** (comme celles proposées sur Shopunlocked), détenir de grosses sommes d'argent en guise de garantie ou dans des comptes à faible rendement fait souvent plus de mal que de bien.

Pourquoi ? À cause de **l'inflation** .

Si l'inflation est de 5 % et que votre compte d'épargne ou votre DAT (Dépôt a Terme) rapporte 1 %, votre argent **perd en réalité 4 % de valeur chaque année** .

Maintenant, disons que vous avez 5 000 $ sur un DAT rapportant 2 %, alors que vous devez 5 000 $ sur une carte de crédit à 24,99 % d'intérêt.

- Vous **gagnez** 100 $ par an (5 000 $ × 2 %)
- Mais vous **payez** 1250 $ par an (5 000 $ × 25 %)

Cela représente une perte nette de **1150 $** , simplement parce que vous gardez votre argent « en sécurité ».

> *Le remboursement de la dette est souvent le rendement le plus élevé sur votre argent.*

À moins que votre compte DAT garanti ne paie plus que l'inflation **et/ou** plus que le coût de votre dette (ce qui est rarement le cas), votre meilleure solution est d'utiliser cet argent pour réduire ou éliminer le solde de votre dette.

🔧 Exemple concret :

J'ai 3000 $ de côté comme dépôt de garantie pour un futur appartement. Mais je paie 22 % sur ma carte de crédit de 2500$. Cette carte me coûte plus de 550 $ par an en intérêts. Si je la rembourse maintenant et que je reconstitue progressivement mon dépôt en 6 à 8 mois, j'aurai économisé plus d'intérêts que ce que je gagnerais en laissant cet argent inutilisé.

Résultat : vous récupérez votre trésorerie mensuelle, réduisez votre anxiété et évitez de gaspiller de l'argent en intérêts composés.

Bien sûr, assurez-vous de conserver une petite réserve d'urgence, mais ne surévaluez pas l'argent qui rapporte moins que ce que vous coûte votre dette.

3.5– L'illusion d'une dette « gérable »

▧ Auto-vérification : vérifiez votre intérêt « invisible »

Objectif : Prendre conscience de la quantité d'argent qui s'échappe silencieusement sous forme d'intérêts.

Étapes :

1. Choisissez une carte de crédit ou un prêt.
2. Regardez l'état de compte du mois dernier.

3. Notez les intérêts payés ce mois-là.
4. Multiplier par 12 = Perte silencieuse annuelle.

Vous trouverez ci-dessous un exemple de taux d'intérêt réel sur votre carte. Consultez vos trois derniers relevés.

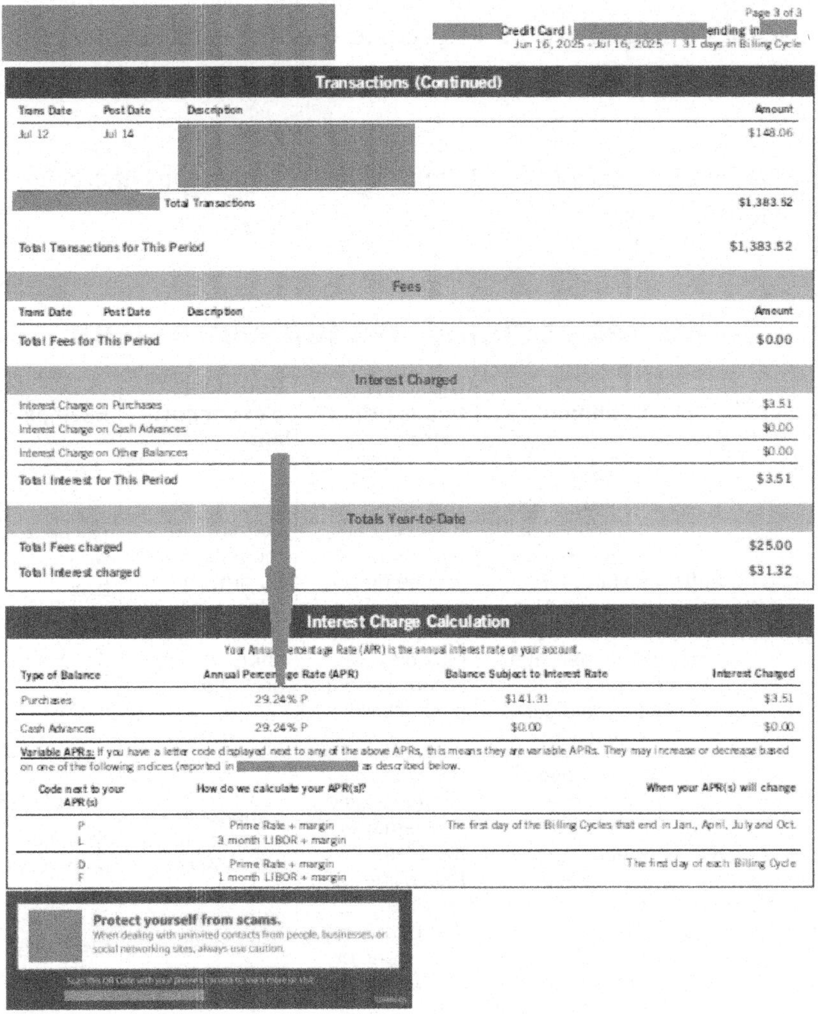

[redacted]

Page 3 of 3
[redacted] Credit Card I [redacted] ending in [redacted]
Jun 16, 2025 - Jul 16, 2025 | 31 days in Billing Cycle

Transactions (Continued)

Trans Date	Post Date	Description	Amount
Jul 12	Jul 14	[redacted]	$148.06
[redacted]		Total Transactions	$1,383.52
Total Transactions for This Period			$1,383.52

Fees

Trans Date	Post Date	Description	Amount
Total Fees for This Period			$0.00

Interest Charged

Interest Charge on Purchases	$3.51
Interest Charge on Cash Advances	$0.00
Interest Charge on Other Balances	$0.00
Total Interest for This Period	$3.51

Totals Year-to-Date

Total Fees charged	$25.00
Total Interest charged	$31.32

Interest Charge Calculation

Your Annual Percentage Rate (APR) is the annual interest rate on your account.

Type of Balance	Annual Percentage Rate (APR)	Balance Subject to Interest Rate	Interest Charged
Purchases	29.24% P	$141.31	$3.51
Cash Advances	29.24% P	$0.00	$0.00

Variable APRs: If you have a letter code displayed next to any of the above APRs, this means they are variable APRs. They may increase or decrease based on one of the following indices (reported in [redacted] as described below.

Code next to your APR(s)	How do we calculate your APR(s)?	When your APR(s) will change
P L	Prime Rate + margin 3 month LIBOR + margin	The first day of the Billing Cycles that end in Jan., April, July and Oct.
D F	Prime Rate + margin 1 month LIBOR + margin	The first day of each Billing Cycle

Petit exercice : Notez le montant des intérêts que vous avez payés le mois dernier, pour chacune de vos cartes

Exemple :

- Le mois dernier : 97 $ d'intérêts
- Coût annuel : 97 $ x 12 = **1164 $/an**

Cela représente plus de mille dollars, qui ne sont pas destinés à l'épargne, à l'épicerie ou aux loisirs... mais simplement au prêteur.

> *« Dettes : plus que des dollars. Mais les régler vous libère de tous les maux. »*

3.6 Comparez et choisissez judicieusement

Sujet	Définition	Caractéristiques principales	Pourquoi c'est important	Exemple
Dette garantie vs. dette non garantie	*Garanti* : adossé à une garantie (par exemple, une voiture, une maison). *Non garanti* : aucune garantie ; le prêteur s'appuie sur la solvabilité.	*Garantie* = taux d'intérêt plus bas, risque de reprise de possession. *Non garantie* = taux plus élevés, recouvrement plus difficile.	La garantie réduit le risque du prêteur, affecte le taux d'intérêt et les chances d'approbation.	*Garantie* : Prêt automobile. *Non garantie* : Carte de crédit.
Dette renouvelable ou à tempérament	*Renouvelable* : Emprunter, rembourser, emprunter à nouveau dans le cadre d'une limite. *Tempérament* : Montant fixe du prêt remboursé au fil du temps.	*Renouvelable* = paiements flexibles, taux d'intérêt variable. *Tempérament* = échéancier de paiement fixe.	L'impact sur le score de crédit est différent ; l'utilisation de la dette renouvelable est un facteur de score majeur.	*Renouvelable* : Carte de crédit. *Tempérament* : Hypothèque.

Intérêts de carte de crédit	Intérêts facturés sur le solde impayé, calculés quotidiennement, facturés mensuellement.	Taux d'intérêt annuel élevé (15 à 30 %), intérêts composés, paiements minimums prolongeant le délai de remboursement.	L'accumulation quotidienne signifie que la dette augmente rapidement ; payer plus que le minimum est essentiel.	Un prêt de 5 000 $ à un taux d'intérêt annuel de 24 % peut prendre plus de 20 ans à rembourser avec des paiements minimums.
Prêts étudiants	Dette pour les frais d'éducation, fédérale ou privée.	Peut avoir des périodes de grâce, un remboursement basé sur le revenu, un éventuel report/abstention.	Affecte les finances à long terme ; n'est généralement pas libérable en cas de faillite.	Prêt fédéral direct avec remboursement basé sur le revenu.
Ratio dette/revenu comme indicateur de qualification	Pourcentage du revenu mensuel brut utilisé pour le paiement des dettes.	Les prêteurs utilisent des seuils (par exemple, < 36 % pour les prêts hypothécaires) pour évaluer la capacité de remboursement.	Un Ratio dette/revenu élevé peut bloquer l'approbation des prêts ou entraîner des conditions plus défavorables.	1 800 $ de dette totale / 5 000 $ de revenu = 36 % Ratio dette/revenu.
Hypothèque ou prêt personnel	*Hypothèque* = garantie par un bien immobilier, à long terme (15 à 30 ans). *Prêt personnel* = non garanti, à court terme (2 à 7 ans).	*Prêt hypothécaire* = taux plus bas, approbation rigoureuse. *Prêt personnel* = taux plus élevés, financement plus rapide.	Choisir le mauvais type de prêt peut coûter des milliers de dollars en intérêts.	Prêt hypothécaire pour l'achat d'une maison ou prêt personnel pour des rénovations.
Comment la dette est appliquée (avec ou sans amortissement)	Méthode d'application des intérêts et du capital sur la durée du prêt.	Les prêts à tempérament prévoient souvent des intérêts plus importants en amont. Les intérêts des dettes renouvelables sont recalculés mensuellement.	Le prépaiement signifie que les paiements anticipés réduisent lentement le capital ; cela affecte les stratégies de remboursement.	Amortissement d'un prêt automobile par rapport au cycle d'intérêt d'une carte de crédit.

Maintenant que vous comprenez les mécanismes de la dette, levons le voile dans les prochain chapitres pour voir comment les banques utilisent ces mécanismes à leur avantage.

Sujets abordés :

- Dette garantie vs. dette non garantie
- Dette renouvelable ou à tempérament
- Intérêts de carte de crédit
- Prêts étudiants
- Ratio dette/revenu comme mesure de qualification
- Différence entre un prêt hypothécaire et un prêt personnel
- Comment la dette est appliquée (prévue en amont ou non)

🔎 Points clés à retenir

- **Les dettes engendrent un épuisement émotionnel.** Elles maintiennent votre corps en mode survie et vous privent de repos.
- **Les dettes créent des barrières entre les gens.** Elles affectent notre façon d'aimer, de discuter et notre capacité de présence.
- **Les dettes retardent vos rêves.** Vous méritez une vie où vos choix ne sont pas liés à des soldes.

- **Votre voix intérieure compte.** Changez votre façon de vous parler et vous changerez votre façon de gérer votre argent.
- **Les dépenses émotionnelles résultent de besoins non satisfaits.** Reconnaître ces besoins vous redonne du pouvoir.

💬 Spécialement pour vous

> *« Tu ne dois pas d'intérêts parce que tu es humain. Tu en dois parce que personne ne t'a appris le système. Maintenant, tu sais. Et maintenant, tu changes. »*

🔗 Prêt à tester vos connaissances ?

☑ Test 2 : Naviguer dans le paysage de la dette

Objectif :

Évaluer votre compréhension des différents types de dettes (garanties ou non garanties), de la manière dont les intérêts sont appliqués, des classifications de dettes (à tempérament ou renouvelables) et des concepts stratégiques tels que les seuils d'endettement par rapport au revenu.

📌 Résumé du chapitre : Ce que vous avez conquis

Le système profite de votre confusion. Mais maintenant, vous avez la clarté – et la clarté est synonyme de pouvoir.

- **Pourquoi les paiements minimums ne réduisent pas votre solde.** La majeure partie de ce que vous payez est constituée d'intérêts, et non de progression.
- **Comment l'amortissement masque votre coût réel.** Des paiements égaux ne garantissent pas un rendement égal.
- **La différence entre les cartes de crédit, les prêts et les lignes de crédit :** chacun a une structure et un risque différents.
- **Pourquoi la lenteur des remboursements enrichit les banques.** On vous vend la commodité au détriment de votre avenir.
- **Comment calculer vos pertes d'intérêts.** La connaissance est votre premier atout financier.

🌟 Prochaine étape

Au chapitre 4, nous parlerons enfin du **coût émotionnel de la dette** , de son impact sur les relations, la santé mentale et l'estime de soi, et de la manière de commencer à guérir ce fardeau de l'intérieur.

CHAPITRE 4

L'impact de la dette sur votre vie

Quand la dette affecte plus que votre portefeuille

☑ 4.1– Épuisement émotionnel : le poids silencieux que vous portez

Monica se répétait sans cesse que tout allait bien. Sa carte de crédit était sous contrôle. Elle n'avait pas fait défaut de paiement. Elle payait quelque chose chaque mois. Mais elle ne se souvenait pas de la dernière fois où elle s'était endormie sans que son cerveau ne se mette à penser à l'argent. Elle ne se souvenait pas de la dernière fois où elle ne s'était pas sentie coupable d'avoir commandé un déjeuner ou de ne pas payer une addition.

Les dettes ne se limitent pas à votre portefeuille. Elles se logent dans votre poitrine, votre mâchoire, votre dos. Elles se manifestent par des montées de tension, des insomnies ou des cris d'agressivité envers vos proches.

Quand chacun de vos choix est filtré par la question *« Puis-je me le permettre ? »* , vous cessez de vous sentir libre. Vous cessez de vous sentir en sécurité. Et avec le temps, vous cessez de rêver.

> *La dette peut vous maintenir financièrement stable à l'extérieur, tout en vous noyant émotionnellement à l'intérieur.*

🔄 Réécrivez votre histoire

Si vous vous dites : « *C'est juste du stress, je m'en occuperai plus tard* », c'est peut-être votre cerveau qui essaie de vous protéger du débordement. Mais Le fait d'éviter émotionnel ajoute de la pression. Votre corps porte ce que votre voix évite.

Dites plutôt ceci :

> *« Ce stress est réel. Mais je ne suis pas impuissante.*
> *Chaque pas que je fais me redonne la paix. »*

🔍 4.2 – Frictions relationnelles : quand l'argent construit des murs

- Cacher les achats
- disputes à propos d'argent
- Sentiments de culpabilité ou de ressentiment
- Anxiété, évitement et fardeau mental de la dette
- Déclencheurs de dépenses émotionnelles

L'argent n'affecte pas seulement votre santé personnelle: il a également un impact sur la façon dont vous vous comportez dans vos relations.

Quand vous êtes endetté :

- Vous pourriez cacher vos achats pour éviter les disputes.
- Vous pourriez commencer des disputes à propos de petites dépenses parce que vous êtes facilement irrités par la pénurie d'argent.
- Vous pourriez vous sentir trop honteux pour parler de finances.

L'argent devient le secret que l'on garde ou l'arme que l'on utilise. Avec le temps, la culpabilité se transforme en distance et la peur en silence.

La dette affecte la confiance, l'intimité et la communication, même si on n'en parle jamais directement.

N'oublions pas les déclencheurs émotionnels :

- Se sentir comme un fardeau dans son propre foyer.
- Acheter des choses pour compenser le fait de dire non.
- Éviter de consulter votre application bancaire car cela signifie faire face à un conflit ou à une peur.

> *Les disputes d'argent sont rarement une question d'argent. Elles sont plutôt une question de peur, de pouvoir et de protection .*

▧ Auto-évaluation : Vérification du budget émotionnel

Objectif : Identifier les habitudes de dépenses émotionnelles qui pourraient vous nuire.

Mesures:

1. Énumérez 5 achats du mois dernier qui n'étaient pas nécessaires.
2. Quelle émotion a déclenché chacun d'eux ? (Stress, joie, ennui, pression des pairs ?)
3. Y a-t-il eu un sentiment de culpabilité après ? Cela a-t-il été bénéfique à long terme ?

Exemple:

- Nouvelles chaussures : 89 $ → Émotion : « Je voulais me sentir bien pour un rendez-vous. » → Culpabilité : « Oui » → Effet à long terme : « Toujours endetté. »

Remplissez ce tableau avec vos propres informations :

Article acheté	Émotion ?	Culpabilité ?	à long terme ?

🔄 Réécrivez votre histoire

Si vous évitez les conversations financières parce qu'elles provoquent des disputes, rappelez-vous :

> *« Je n'ai pas à souffrir en silence. Je peux dire la vérité sans honte. »*

💔 4.3 – Opportunités manquées : ce que la dette vole silencieusement

Au début, c'est subtil. On se dit : « Je suivrai cette formation plus tard. »

On se dit : « Je quitterai peut-être ce travail une fois que la situation se sera calmée. » On murmure : « L'année prochaine, je créerai cette entreprise. »

Mais les semaines se transforment en mois. Les mois en années.

Et sous la surface, votre potentiel – les idées, les rêves, les changements que vous croyiez autrefois possibles – commence à s'épuiser.

L'endettement ne se résume pas à devoir de l'argent.

Il s'agit de **retarder l'accès à sa propre vie.**

🎯 Quand la dette devient le décideur par défaut

Les gens ne restent pas dans des emplois toxiques par amour.

Ils restent à cause du loyer, des frais de voiture et des minimums de carte de crédit.

On ne cesse pas de construire des rêves par manque d'ambition.

On arrête parce que **les dettes interrompent constamment le projet.**

Impossible d'épargner pour la maison si chaque dollar supplémentaire sert à couvrir les intérêts du mois précédent.

Impossible d'investir pour l'avenir si le présent est rempli d'échéances de paiement.

Il ne s'agit pas de ne pas avoir de vision, mais de ne pas avoir de marge de manœuvre.

Vous vous situez où ? :

- Vous ne pouvez pas investir
- Impossible d'économiser pour atteindre vos objectifs
- Vous ne pouvez pas quitter votre emploi ou des environnements toxiques

Avez-vous déjà voulu :

- Démarrer une petite entreprise ?
- Faire une pause dans un travail toxique ?
- Retourner à l'école ?
- Sortir d'une situation de vie stressante ?
- Voyager ou investir ?

Les dettes mettent souvent tout cela en suspens. Quand on vit pour payer les autres, on retarde ses propres objectifs. On utilise son temps, son énergie et son argent avant même de pouvoir choisir.

> *La dette n'est pas qu'une simple facture. C'est un retard. Une cage. Un voleur silencieux de possibilités.*

Et c'est pourquoi ce chapitre est important.

Parce que lorsque vous réalisez à quel point la dette façonne votre quotidien *et* votre avenir, vous commencez à vous battre pour les deux.

💭 Les conséquences émotionnelles des opportunités manquées

Après un certain temps, le dialogue interne change :

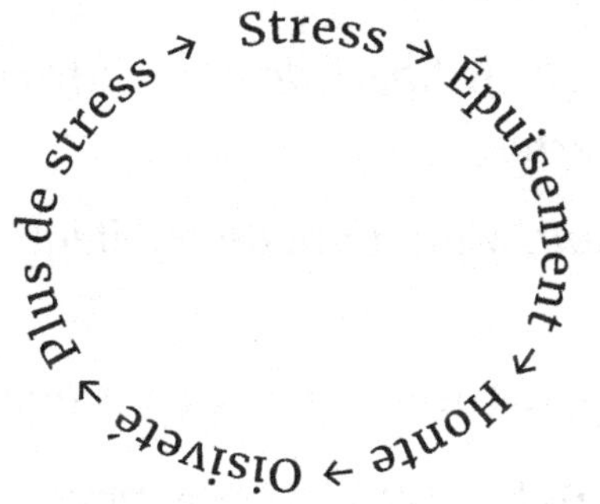

« Peut-être que je ne suis pas fait pour plus. »

« Les autres peuvent se permettre de rêver, pas moi. »

« J'ai peut-être raté ma chance. »

Ces pensées sont fausses, mais elles **semblent** vraies. Car le poids des dettes renouvelables entraîne votre cerveau à vivre modestement, à jouer la carte de la sécurité et à éviter les risques.

Vous commencez à fonctionner en mode survie, sans créativité.

Vous réduisez votre imagination au silence. Vous cessez de vous étirer.

Réécrivez votre histoire

Si vous vous sentez bloqué, ce n'est pas par paresse ou par manque de motivation. C'est parce que **les dettes créent une spirale traumatisante** :

Pour briser cette boucle, nous devons donner au cerveau une nouvelle vérité à ancrer :

✦ *« Je ne suis pas brisée – j'ai été financièrement bloquée. Mais la porte est toujours ouverte. »*

✦ *« Chaque dollar que je libère de mes dettes est une brique que je pose vers ma liberté. »*

✦ *« Je n'ai pas besoin d'attendre un meilleur moment. C'est le meilleur moment. »*

Visualisez une opportunité que vous pensiez inaccessible.

Imaginez maintenant que vous disposez des revenus et de la marge de manœuvre nécessaires pour l'accepter. Notez-la et épinglez-la bien en vue.

C'est ce vers quoi nous travaillons . Pas seulement un solde à 0 $, mais **une vie avec toutes les options.**

> *La dette ne retarde pas seulement les rêves : elle transforme votre vie sans votre permission .*

Cela change votre façon de choisir un emploi. Au lieu de poursuivre une passion ou de quitter un environnement toxique, vous choisissez de rester parce que vous ne pouvez pas vous permettre de prendre des risques.

Cela change votre façon d'élever vos enfants. Vous vous sentez peut-être obligé de subvenir à tous vos besoins, mais le stress financier vous empêche d'être présent émotionnellement.

Cela change votre façon de rêver. Votre grand projet – une activité secondaire, une reprise d'études, un voyage en solo – est repoussé « jusqu'à ce que les choses aillent mieux ». Mais pour beaucoup, le « mieux » n'arrive jamais… car les dettes absorbent silencieusement chaque dollar supplémentaire et chaque once d'espace mental.

Les occasions manquées ne coûtent pas seulement de l'argent, elles minent aussi la confiance. Avec le temps, on finit par croire :

« Peut-être que je ne suis pas fait pour cette vie. »

Mais voici la vérité : vous n'avez jamais été incompétent. Vous étiez juste **occupé.** Occupé par la survie. Occupé par le paiement des intérêts. Occupé par la honte.

> *La dette ne vole pas seulement de l'argent : elle vole votre élan, votre magie et vos options.*

Il ne s'agit pas seulement de vider son compte, mais de libérer sa vie.

🔄 Réécrivez votre histoire

Dites-vous ceci :

> *« Ma vie mérite d'avoir des options. Mes rêves comptent. Rembourser cette dette n'est pas seulement une question de chiffres : il s'agit de retrouver le choix. »*

Dites-vous ceci :

> *« Mes idées comptent. Mon avenir compte. J'ai le droit d'en vouloir plus. Rembourser mes dettes n'est pas une punition, c'est ma voie vers l'épanouissement personnel. »*

Les dettes limitent vos capacités, vos émotions et même votre perception de vous-même. Mais une fois libéré, la situation s'inverse. Dans le chapitre 6, nous verrons à quoi ressemble la vie lorsque vous retrouvez vos revenus.

📌 Résumé du chapitre : Ce que vous avez conquis

> *Les dettes pèsent plus lourd que les dollars. Mais les régler vous libère de toutes les manières.*

- **Les dettes engendrent un épuisement émotionnel.** Elles maintiennent votre corps en mode survie et vous privent de repos.
- **Les dettes créent des barrières entre les gens.** Elles affectent la façon dont on aime, dont on se dispute et dont on se montre présent.
- **Les dettes retardent vos rêves.** Vous méritez une vie où vos choix ne sont pas liés à des soldes.
- **Votre voix intérieure compte.** Changez votre façon de vous parler et vous changerez votre façon de gérer votre argent.
- **Les dépenses émotionnelles résultent de besoins non satisfaits.** Reconnaître ces besoins vous redonne du pouvoir.

✸ Prochaine étape

Au chapitre 5, nous analyserons précisément **qui profite de vos dettes** et pourquoi ils s'efforcent de vous maintenir dans le désarroi, dans le confort et à payer éternellement. Savoir, c'est pouvoir. Et nous sommes sur le point de le reconquérir.

Cette page est laissée vierge intentionnellement

CHAPITRE 5

Qui en profite réellement ?

Qui gagne quand vous perdez ?

5.1– Les institutions financières savent exactement ce qu'elles font

- Comment ils conçoivent les déclarations
- Pourquoi les programmes de récompenses vous incitent à dépenser
- Le mensonge de l'épargne sur DAT par rapport à la dette de carte de crédit

Comment nous coopérons avec notre propre empris- onnement financier sans nous en rendre compte

> *« Je pensais que je m'en sortais bien parce que je n'avais pas manqué un seul paiement depuis des années... mais d'une manière ou d'une autre, mon solde ne semblait jamais diminuer. »*

C'est ce que m'a confié Andrea, une assistante sociale de 36 ans, lors d'une séance de coaching. Elle utilisait sa carte de crédit pour ses dépenses quotidiennes : courses, essence, déjeuners occasionnels au restaurant. Elle effectuait ses paiements minimums chaque mois. Jamais en retard. Jamais en retard.

Et pourtant, après cinq ans, son solde de 6 000 $ n'avait pratiquement pas bougé.

Pourquoi ? Parce que le système n'a pas été conçu pour l'aider à s'en sortir, mais pour la faire payer.

🔍 La psychologie cachée de la conception des cartes de crédit

Les sociétés émettrices de cartes de crédit **ne visent pas à vous aider à bâtir votre crédit** . Leur mission est de vous aider à :

- **Dépensez plus que ce que vous avez**
- **Payez des intérêts plus longtemps que vous ne le devriez**
- **Sentez-vous bien en le faisant**

Décomposons-le :

📃 Le piège de la déclaration :

Vous êtes-vous déjà demandé pourquoi votre facture de carte de crédit indique « Minimum dû : 47,29 $ » en gros caractères gras, mais le solde réel est caché en bas ?

Ce n'est pas un hasard. La structure est conçue pour vous inciter psychologiquement à **payer moins** , afin que la dette perdure plus longtemps. Moins de frictions pour vous, plus de profits pour eux.

🎁 L'illusion des récompenses :

« Obtenez 3 % de remise en argent sur vos courses ! »

« Gagnez des miles pour chaque dollar dépensé ! »

Cela semble formidable, jusqu'à ce que vous réalisiez que vous dépensez **entre 18 % et 29,99 % d'intérêts** pour seulement **récupérer 1,5 %** .

C'est comme acheter un café à 5 $ avec un pourboire de 30%... à chaque fois... pour toujours.

🏦 Le mythe du DAT « sûr » :

De nombreuses personnes, comme Sonia dans l'exemple réel plus loin dans ce chapitre, se voient dire de ne jamais toucher à leurs économies, même lorsque celles-ci rapportent 4 % d'intérêts, alors qu'elles paient 22,99 % de dettes de carte de crédit.

Ce **n'est pas de l'épargne** , c'est une perte d'argent silencieuse.

🔄 Réécrivez votre histoire

Si vous avez déjà pensé :

« Au moins, je ne suis pas en retard. »

« Au moins, je gagne des points. »

Essayez de dire :

> *« Ce jeu n'a pas été conçu pour que je gagne. Mais j'apprends les règles maintenant et je choisis une nouvelle voie. »*

🤯 Cas réel : le piège du DAT contre la carte de crédit de Sonia

Les pièges à intérêts et comment les banques en profitent.

✦Rencontrez Sonia✦

Elle a 42 ans, travaille dans le secteur de la santé et ses parents lui ont toujours dit : *« Ne touche jamais à tes économies, quoi qu'il arrive. »*

Sonia est fière de son certificat de dépôt (DAT) de 10 000 $, bloqué pendant 12 mois et rémunéré à 4 %.

Mais voilà le hic :

elle doit aussi 8 000 $ sur une carte de crédit qui lui facture 22,99 % d'intérêts. Elle ne paie que le minimum : environ 200 $ par mois. Au total, elle paiera plus de 6 000 $ d'intérêts si elle s'en tient à ce plan.

En attendant, son DAT lui rapportera environ 400 $ cette année-là. Elle gagne donc 400 $ tout en donnant 6 000 $. Qui gagne ?

👉 **En résumé** : Sonia garde son argent « en sécurité » alors que ses dettes font un trou dans sa vie financière.

> 💡 *« Ce DAT ne sert à rien. Il est préjudiciable. Utilisez-le pour rembourser vos dettes à taux d'intérêt élevé. Reconstruisez votre épargne plus tard, plus vite et plus librement. »*

▧ Auto-vérification : Comparaison entre DAT et carte de crédit

Objectif : Vous aider à repenser la véritable valeur de « l'épargne » lorsque vous avez également des dettes à taux d'intérêt élevé.

Mesures:

1. Notez la valeur de votre DAT ou de votre épargne et le taux d'intérêt annuel (% d'intérêt gagné).
2. Notez votre solde de dette le plus élevé et votre taux d'intérêt annuel (% d'intérêt facturé).
3. Calculez les intérêts gagnés par rapport aux intérêts payés annuellement.
4. Comparer : Qu'est-ce qui coûte/gagne le plus ?

Exemple:

- DAT : 10 000 $ à 4 % = 400 $/an
- Carte de crédit : 8 000 $ à 22,99 % = 1839,20 $/an
- **Vous perdez 1439,20 $ par an.**

Article	Dette	Taux d'intérêt	Intérêt annuel (coût ou gain)
DAT (Épargne)	10 000 $	4%	**+400 $** (gains)
Carte de crédit	8 000 $	22,99%	**–1 839,20 $** (coût)

Effet net (gain vs. perte)

- **Gain total du DAT** : + 400 $
- **Coût total de la carte de crédit** : – 1839,20 $
- **Résultat net** : **–1439,20 $** (perte globale)

👉 En clair : même si votre DAT vous rapporte 400 $ par an, votre carte de crédit vous coûte **plus de 4,5 fois plus** en intérêts. Vous vous retrouvez avec une **perte nette de 1439,20 $** par an.

5.2 – Le commerce de la dette

- Le crédit est l'un des secteurs les plus rentables
- Les prêteurs s'enrichissent grâce à vos paiements minimums - Comment les banques gagnent des milliards grâce à vos retards

Soyons francs : **la dette est un produit** . Elle est conditionnée, tarifée et vendue, **et vous en êtes la source de revenus.**

Chaque fois que vous :

- Effectuer le paiement minimum
- Porter un solde
- Retarder le paiement

Vous enrichissez quelqu'un d'autre. Généralement, il s'agit d'une banque, d'un fonds spéculatif ou du fonds de bonus d'un prêteur.

Ils dépendent de **votre lente progression** .

💸 Pourquoi les paiements minimums sont la solution idéale — pour eux

Imaginons que vous devez 5000 $ sur une carte à un taux d'intérêt annuel de 19,99 %. Si vous n'effectuez que les paiements minimums, il vous faudra peut-être **plus de 20 ans** pour la rembourser, et vous paierez près de **7000 $ d'intérêts.**

Ces 5000 $ se transforment en **12000 $.**

Non pas parce que vous avez acheté plus, mais parce qu'ils ont été conçus ainsi.

> 💡 *« Les prêteurs n'ont pas besoin que vous soyez en défaut de paiement. Ils ont juste besoin que vous traîniez les pieds. »*

Pourquoi payer lentement est rentable (**pour eux**)

Offres à 0 % d'intérêt : le danger derrière l'offre

Parlons de ces **offres alléchantes à 0 % d'intérêt** : transferts de solde de carte de crédit, financement en magasin, offres « sans intérêt pendant 12 mois ». Elles semblent être une occasion en or. Et parfois, elles le sont. Mais seulement **si vous comprenez parfaitement les petits caractères cachés en bas de page** et adoptez une stratégie claire.

Voici ce que la plupart des gens ne réalisent pas :

- Une fois la période promotionnelle terminée, le taux d'intérêt passe généralement au taux le plus élevé du marché (souvent 25 à 29,99 %).

- De nombreuses cartes facturent des **frais de transfert de solde à l'avance** (généralement de 3 à 5 %).
- Si vous manquez ne serait-ce **qu'un seul paiement**, le tarif promotionnel peut être **immédiatement révoqué**.
- Seules certaines transactions (comme les virements directs) sont admissibles pour obtenir le taux de 0%. Les achats ou les avances de fonds génèrent souvent des intérêts immédiatement.

🔧 Exemple concret : stratégie ou pente glissante

Imaginez que vous transférez 4000 $ vers une nouvelle carte de crédit offrant 0 % d'intérêt pendant 12 mois, avec des frais de transfert de 3 %.

- La dette totale devient : 4000 $ + 120 $ = **4120 $** [120 $ étant les frais de transfert de 3 % facturés immédiatement le jour du transfert de la dette]
- Divisez maintenant par 12 mois : 4120 $ ÷ 12 = **343,33 $/mois**

Si vous respectez ce montant de **343,33 $ et le mettez sur paiement automatique (votre compte de banque vers la carte)** , vous réglerez le tout avant que les intérêts ne s'appliquent. Mais si vous ne payez que le minimum (50 $ à 75 $), il vous restera un solde important, qui pourrait être frappé d'un intérêt rétroactif de 29,99 % sur le **montant total** .

Voici comment se comporterait un solde de 4120 $ sur une carte à 0 % d'intérêt pendant 15 mois si vous

n'effectuiez que le paiement minimum de 75 $, puis que le taux d'intérêt annuel passe à 28,99 % par la suite :

Mois	Solde de départ	Taux d'intérêt	Intérêt ce mois-ci	Paiement	Solde final
1	4 120,00 $	0,00%	0,00 $	75,00 $	4 045,00 $
2	4 045,00 $	0,00%	0,00 $	75,00 $	3 970,00 $
3	3 970,00 $	0,00%	0,00 $	75,00 $	3 895,00 $
4	3 895,00 $	0,00%	0,00 $	75,00 $	3 820,00 $
5	3 820,00 $	0,00%	0,00 $	75,00 $	3 745,00 $
6	3 745,00 $	0,00%	0,00 $	75,00 $	3 670,00 $
7	3 670,00 $	0,00%	0,00 $	75,00 $	3 595,00 $
8	3 595,00 $	0,00%	0,00 $	75,00 $	3 520,00 $
9	3 520,00 $	0,00%	0,00 $	75,00 $	3 445,00 $
10	3 445,00 $	0,00%	0,00 $	75,00 $	3 370,00 $
11	3 370,00 $	0,00%	0,00 $	75,00 $	3 295,00 $
12	3 295,00 $	0,00%	0,00 $	75,00 $	3 220,00 $
13	3 220,00 $	0,00%	0,00 $	75,00 $	3 145,00 $
14	3 145,00 $	0,00%	0,00 $	75,00 $	3 070,00 $
15	3 070,00 $	0,00%	0,00 $	75,00 $	2 995,00 $
16	2 995,00 $	**28,99%**	72,31 $	75,00 $	2 992,31 $
17	2 992,31 $	28,99%	72,23 $	75,00 $	2 989,54 $
18	2 989,54 $	28,99%	72,16 $	75,00 $	2 986,70 $
19	2 986,70 $	28,99%	72,08 $	75,00 $	2 983,78 $
20	2 983,78 $	28,99%	72,01 $	75,00 $	2 980,79 $

Pourquoi c'est important :

- Pendant la période promotionnelle à 0 %, votre solde diminue uniquement du montant du paiement.
- Une fois que les intérêts de 28,99 % entrent en vigueur, la majeure partie de votre paiement de 75 $ est consacrée aux intérêts.

- Comme vous pouvez le constater, au 20e mois, le solde ne bouge pratiquement pas : vous êtes coincé dans un piège de dette où les paiements enrichissent principalement le prêteur, pas vous.

Conseil de pro : si vous avez une carte de crédit à 0 % d'intérêt pendant une période promotionnelle de 15 à 18 mois, il est encore mieux de pouvoir répartir le solde sur 8 ou 12 mois plutôt que sur 15 à 18. Plus vite vous réduisez le solde, moins vous courez de risques.

Une fois la dette réglée, n'utilisez plus cette carte. C'est désormais un **produit à taux d'intérêt élevé.** Mais ne fermez pas le compte non plus : cela améliore votre cote de crédit de maintenir le compte ouvert avec un solde nul.

Vous souhaitez avoir des stratégies plus avancées sur la gestion du crédit ? Consultez le livre **de Shopunlocked sur la gestion du crédit** .

Les banques profitent surtout de vos **efforts les plus lents**. Voilà pourquoi :

- Ils encouragent les paiements minimums
- Proposent des « termes mensuels faciles »
- Il est difficile de comprendre comment les intérêts s'accumulent.

Les sociétés de crédit ne veulent pas que vous soyez en défaut de paiement. Elles veulent simplement que vous restiez suffisamment à flot pour continuer à payer les intérêts pendant des années.

Voilà pourquoi les paiements minimums sont dangereux. Ils semblent utiles — « *Seulement 75 $ par mois !* » — mais ces 75 $ ne réduisent votre dette que de 5 $.

C'est l'illusion d'une dette gérable qui gardent les gens en dette.

🔄 Réécrivez votre histoire

Si vous étiez fier d'avoir simplement « rattrapé le retard », c'est tout à fait vrai. Vous avez fait de votre mieux. Mais maintenant, améliorons ce récit :

> *« Je ne suis pas ici pour survivre aux dettes.*
> *Je suis ici pour l'éliminer »*

▧ Auto-évaluation : qui gagne : vous ou la banque ?

Objectif : voir le véritable tableau de bord, pas seulement les récompenses.

Mesures:

1. Consultez votre relevé des 12 derniers mois. Calculez les intérêts que vous avez payés au cours de ces 12 derniers mois.
2. Énumérez tous les remboursements, points ou récompenses que vous avez reçus.
3. Comparez le coût et la récompense. Qui est vraiment gagnant ?

Exemple:

- Intérêts payés : 800 $
- Récompenses gagnées : 56 $
- Résultat net : –744 $ de perte

Réécrivez votre histoire

Si vous avez déjà dit :

« J'aime les points gratuits pour voyager. »

Dites plutôt ceci :

> *« Les avantages sont des miettes. J'en ai assez de confondre miettes et festin. »*

5.3– Astuces courantes utilisées contre vous

- Tarif spécial d'entrée
- Spécial transfert de solde
- Frais de retard, frais de dépassement de limite

Tarif spécial d'introduction : « 0 % pendant 6 mois ! » Mais si vous manquez un paiement ou si vous avez un solde après 6 mois, vous serez facturé rétroactivement à 24,99 % sur la **totalité** du solde.

Transferts de solde : 0 % semble intéressant, mais les **frais de transfert de 3 à 5 %** s'accumulent et de nombreuses personnes ne les remboursent pas à temps, ce qui entraîne des taux de pénalité élevés.

Frais de retard et de dépassement de limite : 35 $ vous sont facturés pour 3 jours de retard... et votre taux d'intérêt annuel grimpe. Il ne s'agit pas de vous donner une leçon, mais de maximiser vos revenus.

5.4– Comprendre les termes qu'ils n'expliquent pas

Simplifions le jargon :

- **Crédit renouvelable :** dette reportable d'un mois à l'autre (comme les cartes de crédit). Souple, mais dangereux.
- **Prêt à tempérament :** prêts à durée déterminée (comme les prêts hypothécaires ou les prêts automobiles) avec des paiements fixes.
- **Taux d'intérêt annuel (Intérêt gagne sur une epargne) :** ce que vous gagnez sur votre épargne.
- **Taux d'intérêt annuel (Intérêt payé sur une dette) :** ce que vous payez sur vos dettes.
- **Taux Introduction :** un taux d'intérêt bas temporaire, **mais pas permanent. Il expire toujours.**

📌 Résumé du chapitre : Ce que vous avez conquis

> *La dette n'est pas qu'un problème mathématique. C'est une machine à gagner de l'argent, et vous en avez été le moteur. Mais maintenant, vous la voyez. Et vous cessez de l'alimenter.*

- **Les sociétés de cartes de crédit ne souhaitent pas votre échec, mais simplement ralentir votre progression.** Plus vous persistez dans vos paiements minimums, plus elles sont rentables.
- **Les programmes de récompense ne sont pas vos amis.** Quelques points ne compenseront jamais des milliers de dollars d'intérêts.
- **Vous pourriez économiser... tout en perdant.** Garder son argent bloqué sur un DAT à 4 % tout en payant 22 % d'intérêts sur sa dette est une erreur silencieuse et coûteuse.
- **Les prêteurs dépendent des délais.** Leur activité repose entièrement sur vos hésitations, votre angoisse et votre manque de temps pour effectuer les calculs.
- **Ils utilisent toutes les astuces possibles, car elles fonctionnent.**
- Taux d'introduction qui disparaissent, virements de solde en petits caractères, frais pour quelques dollars de retard ou quelques jours de retard... Ce n'est pas une question de discipline. C'est une question de modèle.
- **Même la présentation de votre relevé est étudiée.** Minimums en gras, totaux masqués : tout est conçu pour que vous ayez une impression de confort et que le paiement paraisse facultatif.
- **Les mots comptent.** Comprendre des termes comme taux d'intérêt annuel, crédit renouvelable et dette

à tempérament vous permet de cesser de jouer à l'aveugle.

> 💡 *Le jeu ne fonctionne que si vous ne savez pas que vous jouez. Mais maintenant, vous le savez. Et ça change tout.*

Prochaine étape

Au chapitre 6, nous nous concentrerons à nouveau sur **vous.**

À quoi ressemble la vie après les dettes ? Que pouvez-vous réellement faire de vos revenus une fois à nouveau à votre disposition ?

Parlons de liberté, pas seulement de la dette, mais vers **une véritable paix financière.**

Cette page est laissée vierge intentionnellement

CHAPITRE 6

Vivre sans dettes = Choix = Liberté

6.1 – Ce qui change lorsque vous n'est pas en train de rembourser des dettes

> *« Pour la première fois depuis des années, je ne planifiais pas mon mois en fonction de mes dettes. Je planifiais en fonction de mes envies. »*

C'est ainsi que James a décrit le moment où il a effectué son dernier paiement par carte de crédit. Ce n'était pas spectaculaire. Pas de feu d'artifice. Pas de parade. Juste un clic discret sur « Envoyer le paiement ». Et un sentiment qu'il n'avait pas ressenti depuis plus de dix ans :

Liberté.

Car c'est ce que la dette prend en premier : **votre capacité à choisir.** Elle détermine la part de votre salaire que vous conservez, le nombre de risques que vous pouvez prendre, la durée de vos emplois ou de vos relations qui ne vous conviennent plus.

🔍 La vie sans dettes : ce qui change instantanément

Lorsque vous ne vivez plus sous une pile de paiements, trois choses changent rapidement :

1. **Plus d'options, moins de peur**
   Vous pouvez quitter un emploi toxique. Prendre une semaine de congé sans culpabilité. Investir dans quelque chose qui vous passionne, car votre argent n'est pas déjà utilisé.

2. **Vos revenus vous reviennent.**
   Un salaire sans déductions pour prêts ou cartes de crédit est différent. Vous réalisez tout ce que vous avez donné et à quelle vitesse vous pouvez accumuler quand vous arrêtez.

3. **Tranquillité d'esprit = Énergie pour la vie**
   Plus besoin de calcul mental tard le soir. Plus besoin d'esquiver les notifications de votre courriel ou de votre banque. Votre cerveau se calme. Votre corps s'allège. Votre énergie est consacrée à la création, pas à la gestion.

⚖ Le côté étrange de la liberté

Voici la vérité que la plupart des gens refusent d'admettre : être libéré de ses dettes peut être *étrange* . Si vous avez vécu des années sous le stress, à jongler avec les factures et à régler des problèmes, le calme peut paraître ennuyeux. Votre cerveau est programmé pour anticiper le chaos, alors lorsque le bruit disparaît, certaines personnes le recréent inconsciemment : en utilisant à nouveau leur carte, en contractant des emprunts ou en se lançant dans des dépenses inutiles. Elles se sentent « trop libres, trop bien » et s'endettent à nouveau juste pour ressentir l'euphorie du mouvement. C'est pourquoi se libérer de ses dettes ne se résume pas à rembourser ses dettes : il s'agit d'apprendre à vivre en paix, à se sentir à l'aise avec la stabilité et à reconnaître que le calme n'est pas synonyme de vide, mais d'opportunité.

✐ Auto-évaluation : êtes-vous accrochés au chaos financier?

Faites une pause et demandez-vous :

1. Est-ce que je me sens agité lorsque les choses sont calmes avec mon argent ?
2. Est-ce que je me surprends à chercher « juste un achat de plus » même si je n'en ai pas besoin ?
3. Est-ce que l'urgence de jongler avec les paiements me manque, comme si cela me donnait un but ?
4. Quand je pense à un avenir sans dette, est-ce que j'imagine l'ennui plutôt que la liberté ?
5. Suis-je tenté de me récompenser en faisant une dépense ponctuelle ? où j'avance sans acheter inutilement ?

☞ Si vous avez répondu « oui » à deux questions ou plus, votre défi ne se limite pas aux chiffres : il s'agit *de rééduquer votre cerveau* à apprécier la paix. La vraie liberté, c'est apprendre à aimer la stabilité et à remplacer le chaos par la force sereine de la croissance.

Réécrivez votre histoire

Si vous avez pensé :

« Même si je rembourse ça, rien ne changera vraiment... »

« Je me sentirai toujours en retard... »

Essayez plutôt de vous dire :

> *« Les dettes ont été une véritable tempête. Je choisis la paix. Je peux utiliser mon argent pour me donner du bonheur, pas seulement pour survivre au stress. »*

Vivre sans dettes ne se résume pas à un solde nul. C'est aussi une question **de contrôle total** .

6.2 – Exemple concret : la famille qui s'est libérée de son hypothèque très tôt

✦Tasha et Emmanuel ont acheté leur première maison en 2010. Leur prêt hypothécaire s'élevait à 190 000 $ sur 30 ans. Mais après cinq ans de paiements minimums, ils ont réalisé que la majeure partie de leur argent était consacrée aux intérêts, et non à la valeur nette.

Ils ont donc agi intentionnellement. Avec l'aide d'un coach de Shopunlocked :

- Ils ont refinancé un prêt hypothécaire sur 15 ans,
- Supprimé les abonnements inutiles,
- Transformé une chambre d'amis en location à court terme,

- Utilisé chaque remboursement d'impôt, bonus et chèque d'anniversaire pour effectuer des paiements supplémentaires.

Ils ont remboursé la totalité de l'hypothèque en 12 ans.

« Nous avons économisé plus de 65 000 $ en intérêts », a déclaré Emmanuel.

« Mais le meilleur dans tout ça ? Nous avons élevé nos enfants dans une maison qui nous *appartenait* . Cette sécurité… aucun paiement ne peut acheter ce sentiment. »

Vivre sans dette a donné à leur famille un **héritage** , pas seulement un soulagement.

6.3– L'effet boule de neige de la liberté

Voici la partie que personne ne vous dit : une fois que vous êtes sorti de vos dettes, vos gains financiers deviennent **plus rapides et plus faciles** .

Disons que vous aviez l'habitude de payer :

- 200 $ pour une carte de crédit
- 350 $ pour un prêt automobile
- 800 $ pour une hypothèque

Cela représente désormais 1350 $ libérés chaque mois.

Maintenant, au lieu de payer les prêteurs, imaginez :

- 500 $ par mois versés dans un fonds de retraite
- 200 $ par mois sur le compte d'éducation d'un enfant

- 300 $ par mois vers un objectif professionnel ou de vacances
- 350 $ par mois économisés pour votre tranquillité d'esprit future

Même montant (1350 $/mois) simplement consacré à votre avenir. Après un an, cela représente **16 200 $** réaffectés à vos objectifs.

> 💡 *« Les dettes vous volent votre avenir. Les rembourser vous le rend, avec les intérêts. »*

C'est l' **effet boule de neige inversé** : au lieu de faire dévaler la dette, on fait dévaler la dynamique.

▧ Auto-évaluation : imaginez votre salaire sans dette

Objectif : Se connecter émotionnellement et pratiquement à ce que sera la liberté.

Mesures:

1. Dressez la liste de vos paiements mensuels actuels de dettes (cartes de crédit, prêts, hypothèque, etc.).

2. Additionnez le montant.

3. Imaginez maintenant que cet argent soit sur votre compte sans **aucune obligation** .
4. Écrivez un paragraphe : *« Si j'avais ce montant total chaque mois, je... »*

Exemple:

- Paiements de la dette : 1270 $/mois
- « Si j'avais cet argent chaque mois, j'utiliserais enfin mon compte de Stock au maximum, j'emmènerais ma mère en voyage et j'augmenterais mon épargne d'urgence à 10 000 $. »

Réécrivez votre histoire

Si vous avez déjà pensé :

« Les gens comme moi n'avancent pas. Je serai toujours en retard. »

Dites plutôt ceci :

> *« La liberté n'est pas réservée aux chanceux. Elle se gagne par des choix. Et je fais les bons choix maintenant. »*

🗨 Écrit juste pour vous

> *« La dette est la voleuse silencieuse des rêves. Mais chaque paiement effectué est une pierre que vous posez sur le chemin du retour à la liberté. »*

📌 Résumé du chapitre : Ce que vous avez conquis

> *Se libérer de ses dettes ne se résume pas à des chiffres. Il s'agit de reprendre sa vie en main et de devenir enfin celui qui décide de la suite des événements.*

- **Vivre sans dettes vous ouvre de nouvelles perspectives.** En ne payant plus vos prêts chaque mois, vous cessez de vivre en mode réaction et commencez à construire une vie qui correspond à vos objectifs, vos valeurs et vos priorités.
- **Plus d'options signifie moins de peur.** Vous pouvez quitter un emploi toxique, accepter de nouvelles opportunités ou respirer entre deux paies sans paniquer. Les options vous donnent du pouvoir et de la sérénité.
- **Vos revenus vous reviennent pleinement.** Chaque dollar gagné peut désormais *vous servir* , et non servir à vos créanciers. Ce changement est à la fois

émotionnel et stratégique : il s'apparente à une augmentation sans avoir besoin d'une promotion.

- **La tranquillité d'esprit est une véritable richesse.** Lorsque le bruit mental des dettes s'apaise, votre énergie revient. Vous dormez mieux. Vous pensez plus clairement. Vous souriez davantage. Et cette clarté vous ouvre des portes.
- **L'élan prend de l'ampleur dès l'arrêt des paiements.** Ces 200 $ que vous utilisiez auparavant pour transférer votre argent sur une carte de crédit ? Ils deviennent désormais 200 $ pour investir, épargner, voyager ou faire des dons. Les petites victoires s'accumulent vite lorsqu'on avance plutôt que de se contenter de rattraper son retard.
- **L'affranchissement des dettes favorise la croissance composée.** Ces 200 $ par mois économisés en intérêts peuvent se transformer en plus de 2000 $ par an en investissements, année après année. C'est ainsi que la liberté se multiplie.
- **Des gens comme vous le font tous les jours.** Qu'il s'agisse d'une famille qui rembourse son prêt immobilier par anticipation ou de quelqu'un qui reprend le contrôle de sa vie après des années de dettes, le plan n'est pas un fantasme. C'est une question d'action, de temps et de conviction.

> *« La liberté ne vient pas du fait de gagner plus, mais du fait d'avoir besoin de moins pour se sentir en sécurité. Et cela commence dès que vous retrouvez votre argent. »*

✹ Prochaine étape

Au chapitre 7, nous parlerons de la manière de rester sans dette une fois que vous y êtes parvenu : **établir un budget comme condition préalable, planifier correctement et s'assurer que cette liberté dure toute la vie.**

CHAPITRE 7

De la budgétisation au plan de guerre

Prenez le contrôle avant d'attaquer

☑ 7.1- Revoyez la règle 50/30/20 : votre première arme

> *« On ne mène pas une bataille financière les yeux bandés. On se bat avec un plan. »*

Commençons par votre première arme : le budget.

Pas le genre qui ressemble à une punition. Le genre qui vous donne du pouvoir.

Vous vous souvenez peut-être de « *Commencez ici* », le premier livre de cette série, écrit par Régine Godefroy **(code QR ci-dessous)** . Il vaut la peine d'y revenir maintenant que vous êtes plus avancé dans votre parcours.

La **règle 50/30/20** n'est pas une formule rigide. C'est un **guide stratégique** pour vous aider à reprendre le contrôle, à prendre conscience de vos problèmes et à enfin utiliser vos revenus à bon escient.

🔍 **La répartition :**

- **50 % = Besoins :** Loyer, nourriture, services publics, transport, remboursement minimum de la dette
- **30 % = Désirs :** Abonnements, divertissements, sorties au restaurant, non essentiels
- **20 % = Épargne et remboursement de la dette :** Fonds d'urgence, paiements de prêt supplémentaires, investissement

Ce cadre vous donne à la fois **permission et orientation. Vous pouvez continuer à profiter de la vie, mais aussi faire de la place pour l'avenir.**

> 💡 *« Gérer un budget n'est pas une question de restriction. Il s'agit de réaffecter son énergie. »*

🔄 **Réécrivez votre histoire**

Si vous avez déjà pensé :

« Je ne gagne pas assez pour faire un budget. »

« Faire un budget ne changera rien, je suis trop en retard. »

Dites-vous :

> *« Mon revenu est un outil. Je ne suis pas trop en retard. Je commence juste à me projeter vers l'avenir »*

Tout projet commence par un plan. Celui-ci est le vôtre.

7.2 – Pourquoi la budgétisation n'est plus facultative

Soyons réalistes : rembourser une dette sans budgétisation n'est qu'un vœu pieux.

Si vous ne savez pas :

- Ce qui rentre
- Qu'est-ce qui se passe
- Où se trouvent les fuites

... alors vous n'avez pas le contrôle. Ce sont les chiffres qui vous contrôlent.

La budgétisation n'est pas facultative, car **vous ne pouvez pas corriger ce que vous ne suivez pas.**

C'est comme essayer de suivre un régime sans lire les étiquettes nutritionnelles. Vous pouvez réduire quelques calories, mais vous ne ferez pas de réels progrès tant que vous ne connaîtrez pas les valeurs *réelles* .

🔧 Comment suivre les dépenses comme un pro :

- **Choisissez votre système :** bloc-notes, tableur, application de budgétisation, peu importe tant que vous l'utilisez.

- **Choisissez une fenêtre :** effectuez un suivi hebdomadaire ou mensuel, mais systématiquement.
- **Ne devinez pas. Regardez.** Vérifiez vos relevés bancaires et l'activité de votre carte.

> 💡 *« La sensibilisation est votre première défense contre le chaos financier. »*

▧ Auto-évaluation : Score de préparation budgétaire

Objectif : Évaluer rapidement si votre budget est au niveau requis.

Étapes (répondez par Oui ou Non) :

1. Connaissez-vous votre revenu mensuel total ?
2. Suivez-vous vos dépenses mensuelles ?
3. Planifiez-vous avant de dépenser ou regrettez-vous après ?
4. Utilisez-vous un outil de budgétisation (livre, feuille de calcul, application, carnet « Commencez Ici ») ?
5. Vous adaptez-vous lorsque les choses changent ?

Résultats:

- **0–2 sur 5 « Oui » :** Débutant en budget → Il est temps de sensibiliser

- **3–4 sur 5 « Oui »** : Apprenti en Budget → Vous êtes proche — il suffit de resserrer le système
- **5 sur 5 « Oui »** : Pro en Budget → Utilisez-le maintenant pour vous libérer de vos dettes

> 💡 *« On ne peut pas réparer ce qu'on ne suit pas »*

Plus tard, au chapitre 11, nous approfondirons le suivi des flux de trésorerie hebdomadaires et mensuels pour personnaliser ce plan ensemble.

7.3– Budget > Ensuite Payer

Une erreur courante dans le remboursement des dettes est de passer directement à l'action :

« Je vais simplement dépenser tout mon argent supplémentaire sur ma carte de crédit et espérer que ça marche. »

Le problème ? Sans plan, ça marche rarement.

- Vous vous épuisez.
- Vous oubliez les factures.
- Vous finissez par utiliser à nouveau la carte de crédit parce que vous n'avez pas planifié le mois.

C'est pourquoi la budgétisation doit primer sur les objectifs ambitieux. C'est un **plan directeur** , pas une réflexion après coup.

🔧 Dépenses fixes et flexibles

Lors de l'établissement du budget, catégorisez chaque dépense mensuelle comme suit :

- **Fixe :** Loyer, note de voiture, assurance, Wi-Fi
- **Flexible :** manger au restaurant, faire du shopping, Netflix, visites au salon de coiffure

Cela vous aide à savoir **ce que vous pouvez changer rapidement** et ce qui demande un ajustement à long terme.

▧ Auto-vérification : Tri des dépenses fixes et flexibles

Objectif : Déterminer où vos économies immédiates peuvent commencer.

Mesures:

1. Énumérez toutes les dépenses mensuelles récurrentes.
2. Étiquetez chaque élément comme fixe (non négociable) ou flexible (ajustable).
3. Entourez les 2 principales dépenses flexibles à réduire ce mois-ci.

Exemple:

- Netflix – Flexible
- Paiement de voiture – Fixe

- Plats à emporter – Flexible
- Wi-Fi – Fixe

✂ Réduction : Plats à emporter et Netflix = +150 $/mois pour le remboursement de la dette

> 💡 *« De petites réductions peuvent conduire à une grande dynamique. »*

🔄 Réécrivez votre histoire

Si vous vous êtes dit :

« Je déteste gérer un budget. Je ne suis tout simplement pas très discipliné. »

Voici le changement :

> *« Gérer un budget n'est pas une question de personnalité, c'est une compétence. Et comme toute compétence, je peux la développer avec de la pratique. »*

Pas besoin d'être parfait. Il suffit d'être conscient.

💬 Écrit juste pour vous

> *« Un budget est un plan de bataille. Il ne vous montre pas seulement ce que vous devez, mais aussi où vous pouvez gagner. »*

📌 Résumé du chapitre : Ce que vous avez conquis

> *On ne peut pas construire la liberté sàns plan. Le budget est la première pierre.*

> *Gérer son budget n'est pas ennuyeux. C'est comme ça qu'on arrête de se battre à l'aveuglette et qu'on commence à gagner volontairement.*

- **Établir un budget est toujours primordial.** Avant de vous attaquer à vos dettes, il est essentiel de savoir précisément ce qui entre, ce qui sort et où se situent les déficits. Sans plan clair, vous ne faites qu'ajouter de l'argent en espérant que le problème disparaisse de lui-même.
- **Les incertitudes mènent à l'échec.** Nombreux sont ceux qui commencent à rembourser leurs dettes avec acharnement, mais qui se rendent compte en milieu de mois qu'ils n'ont pas épargné suffisamment pour payer les courses ou les factures. Ils s'endettent alors encore plus. Un budget vous protège de ce cercle vicieux.
- **La règle 50/30/20 structure vos dépenses.** Elle crée un équilibre entre vos besoins, vos envies et vos objectifs, vous permettant ainsi de progresser sans vous sentir pénalisé.
- **Vos dépenses se divisent en deux catégories : fixes et flexibles.** En identifiant rapidement celles qui sont incontournables et celles qui peuvent être

réduites, vous libérez des liquidités pour accélérer votre désendettement.

- **Un véritable budget révèle vos opportunités.** Il ne s'agit pas seulement de réduire, mais de créer. En observant vos dépenses, vous commencez à voir ce que vous pourriez économiser ou réorienter vers la liberté.
- **La prise de conscience change tout.** Quand vous cessez de dire « Je ne sais pas où va mon argent » et que vous commencez à le suivre, votre pouvoir revient, ligne après ligne, mois après mois.

> 💡 *« Vous n'êtes pas obligé d'établir un budget pour toujours. Mais si vous voulez être libre pour toujours, vous devez établir un budget maintenant. »*

Prochaine étape

Au chapitre 8, nous veillerons à ce que vous parliez clairement le langage de l'argent. Vous apprendrez les termes que la plupart des prêteurs espèrent que vous ne comprendrez jamais, afin que vous puissiez prendre des décisions plus éclairées pour le reste de votre vie.

Cette page est laissée vierge intentionnellement

CHAPITRE 8

Mots courants, sens clair

Parlez la langue de l'argent

☑ 8.1 Pourquoi la langue est importante

> *« Je pensais comprendre le concept d'intérêt, jusqu'à ce que je réalise que j'avais payé plus de 6 000 $ et que j'avais à peine touché le solde de ma carte de crédit. »*

L'argent n'est pas seulement une question d'émotion. C'est aussi **une question de langage.** Et si vous ne parlez pas cette langue, vous ne pouvez ni négocier, ni planifier, ni vous protéger efficacement.

Les institutions financières utilisent un langage qui les protège. Des termes comme taux d'intérêt annuel, ratio, amortissement, crédit renouvelable peuvent paraître volontairement intimidants ou ennuyeux. Car si vous ne comprenez pas, vous êtes plus susceptible de dire « oui » au lieu de « patientez » ou « d'accord » au lieu de « non ».

Ce chapitre est votre **guide de traduction.** À la fin, vous comprendrez non seulement les termes, mais vous les utiliserez comme des outils. De véritables armes pour votre arsenal financier.

🔄 Réécrivez votre histoire

Si vous avez déjà pensé :

« Je ne suis pas un homme de chiffres. Je ne comprends pas la finance. »

Voici le changement :

> *« Il ne s'agit pas d'être bon en maths. Il s'agit d'être bienveillant envers moi-même. Je peux apprendre ça. Un mot à la fois. »*

☑ 8.2 Les mots que vous devez maitriser

Décomposons les termes financiers les plus importants en français simple et courant.

🔍 Intérêt

Le coût d'un emprunt.

Si vous empruntez 1000 $ à un taux d'intérêt annuel de 10%, cela vous coûtera 100 $ par an.

Considérez les intérêts comme les « frais de location » pour l'utilisation de l'argent de quelqu'un d'autre.

🔍 Principal ou Capital

Le montant initial emprunté (ou le montant restant dû sur un prêt).

Si votre prêt est de 10 000 $ et que vous avez remboursé 1000 $ jusqu'à présent, votre capital est toujours de 9 000$.

🔍 Taux d'intérêt annuel

- **Taux d'intérêt annuel sur une dette :** ce que vous payez sur votre dette (intérêts + certains frais) - *Ce que cela vous coûte.*
- **Taux d'intérêt annuel sur une épargne :** ce que vous gagnez sur votre épargne (intérêts avec capitalisation inclus) - *Ce que cela vous rapporte*

🔍 Prêt amorti

Un prêt dans lequel votre paiement mensuel reste le même, mais le montant consacré aux **intérêts par rapport au capital** change au fil du temps.

Les premiers paiements sont principalement consacrés aux intérêts. À mesure que vous continuez à payer, les paiements ultérieurs contribuent davantage au capital.

🔍 Ligne de crédit (LC)

Utilisé stratégiquement, il peut s'avérer un puissant outil de remboursement de dettes. Utilisé émotionnellement, il s'agit d'un piège.

LC : votre ami flexible ou piège silencieux ?

Une **ligne de crédit (LC)** est un type de prêt flexible qui vous permet d'emprunter **jusqu'à une limite définie** , de la rembourser et d'emprunter à nouveau selon vos besoins.

Les intérêts ne sont facturés que sur le montant utilisé, et non sur la limite totale.

☑ **Avantages :**

- Vous ne payez d'intérêts que sur ce que vous empruntez
- Réutilisable : une fois remboursé, il redevient disponible
- Peut être utilisé en cas d'urgence, de dépenses importantes ou de stratégies de remboursement de dettes (voir plus loin dans ce livre)
- A souvent des taux d'intérêt inférieurs à ceux des cartes de crédit

⚠ **Inconvénients :**

- Facile à abuser ou à traiter comme de « l'argent gratuit »
- Les taux d'intérêt sont généralement **variables** , ce qui signifie qu'ils peuvent augmenter
- Certaines lignes de crédit exigent des paiements mensuels d'intérêts uniquement, de sorte que **le capital ne diminue jamais, à moins que vous ne payiez activement davantage.**

💡 *Conseil de pro : un LC ne peut fonctionner en votre faveur* ***que si*** *vous l'utilisez avec un plan fixe, l'accompagnement d'un coach et une discipline stricte.*

🔍 Ligne de crédit hypothécaire

Une marge de **crédit hypothécaire** est un type particulier de ligne de crédit **garantie par votre propriété.** Elle vous permet d'emprunter sur la valeur nette de votre propriété.

Considérez-le comme une deuxième hypothèque dans laquelle vous pouvez puiser en cas de besoin, souvent à des taux d'intérêt plus bas.

☑ Avantages :

- Typiquement **taux d'intérêt inférieur** à celui des prêts personnels ou des cartes de crédit
- Les intérêts peuvent être **déductibles d'impôts** (vérifiez les directives actuelles de votre institution d'impôt)
- Peut être idéal pour la consolidation de dettes, les réparations ou le financement d'urgence

⚠ Inconvénients :

- **Votre maison est une garantie.** En cas de défaut de paiement, vous pourriez la perdre.
- Les taux d'intérêt sont souvent **variables**
- Nécessite des frais de clôture ou une évaluation dans certains cas
- Tentant d'en abuser pour des besoins non essentiels

1. Hypothèque de premier rang

- Remplace votre prêt hypothécaire principal
- Combine un prêt hypothécaire et un compte courant en un seul
- Peut être puissant pour les stratégies de remboursement rapide des prêts hypothécaires
- Nécessite une excellente discipline et **une compréhension approfondie des flux de trésorerie**

2. Hypothèque de second rang

- Se place au-dessus de votre prêt hypothécaire existant (comme une deuxième couche)
- Moins risqué, n'affecte pas votre prêt hypothécaire principal
- Le plus courant et le plus facile à gérer pour les emprunteurs novices.

💡 *Demandez-vous toujours : la marge de crédit hypothécaire me donne-t-elle un effet de levier ou me donne-t-elle simplement plus de paiements mensuels ?*

🔍 Carte de crédit

Vos cartes sont des lignes de crédit renouvelables pour les dépenses courantes. Vous empruntez jusqu'à une certaine limite et payez des intérêts si vous ne remboursez pas la totalité chaque mois.

Pratique, mais coûteux en cas de mauvaise utilisation.

☑ Les petits caractères des cartes de crédit décryptés

Les relevés et offres de cartes de crédit cachent souvent des termes clés en petits caractères. Voici comment les déchiffrer :

- **Le « paiement minimum dû »** est le montant *le plus petit* , mais payer seulement ce montant augmente votre dette et maximise les intérêts.
- **Le taux d'intérêt annuel de lancement** est temporaire. Renseignez-vous sur sa date d'expiration et sur le taux normal.
- **Le « taux d'intérêt annuel de pénalité »** est un taux plus élevé déclenché si vous payez en retard, parfois supérieur à 29,99 %.
- **Le « délai de grâce »** est la période pendant laquelle vous pouvez payer la totalité de votre dette avant le début des intérêts. Si vous le manquez, chaque dollar risque de commencer à accumuler des intérêts instantanément.
- **Le « taux d'intérêt annuel d'avance de fonds »** est souvent plus élevé que votre taux d'intérêt annuel d'achat et commence à accumuler des intérêts **immédiatement** — sans période de grâce.

💡 *Si vous ne savez pas ce que signifie une ligne de votre contrat, partez du principe qu'elle profite au prêteur, et non à vous.*

🔍 Transfert de solde de carte de crédit

Transférez vos dettes d'une carte de crédit à une autre, souvent avec un taux d'intérêt promotionnel de 0 %. Attention : des **frais (3 à 5 %) sont généralement appliqués** et les intérêts peuvent grimper en cas de non-paiement à temps.

🔍 0% taux d'intérêt annuel

Un taux promotionnel temporaire qui vous donne le temps de rembourser un solde sans intérêt.

⚠ *Cela ne dure pas. Et des intérêts peuvent s'appliquer rétroactivement si vous manquez un paiement ou ne le remboursez pas à temps.*

🔍 Revenu

Argent entrant : salaires, rémunération des freelances, pourboires, avantages sociaux, revenus locatifs, etc.

🔍 Dépenses

Sorties d'argent : factures, nourriture, loyer, essence, abonnements, remboursement de dettes, etc.

🔍 Dépenses récurrentes / fixes / variables

- **Récurrent :** Factures qui reviennent chaque mois (services publics, loyer, remboursements de prêts).
- **Fixe :** Reste le même à chaque fois (paiement de la voiture, assurance).

- **Variable :** Changement mensuel (épicerie, essence, divertissement).

Connaître la différence vous aide à couper intelligemment, et non à l'aveuglette.

🔍 Fonds d'urgence

Une réserve de liquidités (idéalement 3 à 6 mois de vos dépenses totales) pour les véritables urgences : perte d'emploi, crise médicale, réparations urgentes.

Cela devrait être votre premier objectif financier, avant d'investir ou même de procéder à un remboursement agressif de vos dettes ; voir le livre « Commencez Ici » de Regine Godefroy

🔍 Méthode « boule de neige » ou « méthode avalanche »

Deux stratégies de remboursement de dette (voir plus loin dans ce livre) :

- **Boule de neige :** Remboursez d'abord la plus petite dette. Renforce la motivation.
- **Avalanche :** Remboursez d'abord les dettes à taux d'intérêt élevé. Économisez de l'argent à long terme.

Choisissez celle qui vous motive. La psychologie est importante.

❄️ 8.3 La méthode boule de neige : de petites victoires qui créent un grand élan

☑️ Qu'est-ce que la méthode boule de neige ?

La **méthode de la boule de neige** est une méthode populaire et psychologiquement efficace pour éliminer les dettes. Au lieu de se concentrer sur la dette ayant le taux d'intérêt le plus élevé (comme avec la **méthode de l'avalanche**), on se concentre d'abord sur le **solde le plus faible** , quel que soit le taux d'intérêt.

Pourquoi ? Parce que **les victoires rapides renforcent la confiance** , et la confiance alimente l'élan.

Imaginez une petite boule de neige qui dévale une pente. Au début, elle est minuscule. Mais à chaque rotation, elle accumule de la neige. Bientôt, elle roule plus vite, grossit et devient irrépressible.

C'est exactement ce que cette méthode fait avec votre motivation et votre argent.

🔧 Comment fonctionne la méthode boule de neige (étape par étape)

1. **Dressez la liste de toutes vos dettes,** de la plus petite à la plus grande, **par solde** et non par taux d'intérêt.

2. **Effectuez les paiements minimums** sur toutes les dettes, sauf les plus petites.

3. Jetez **tout ce qui vous reste** (argent de poche, coupes budgétaires, remboursement d'impôt) sur la **plus petite dette** jusqu'à ce qu'elle disparaisse.
4. Une fois remboursée, prenez le montant que vous payiez sur cette plus petite dette et **transférez-le** au prochain plus petit solde.
5. Répétez ce processus jusqu'à ce que vous soyez sans dette.

Cette méthode ne vous libère pas seulement de l'argent, elle libère aussi votre **mental** . Vous avez enfin l'impression de gagner.

🧠 Pourquoi ça marche

la psychologie plutôt que les mathématiques

Les critiques affirment que la méthode boule de neige n'est pas « mathématiquement efficace » car vous pourriez payer plus d'intérêts sur le long terme que la méthode avalanche.

Mais la vérité est que **la plupart des gens n'abandonnent pas leur processus d'élimination de dettes parce que les calculs sont erronés. Ils abandonnent parce que les progrès semblent invisibles.**

La méthode boule de neige fonctionne parce que :

- Cela vous donne une **victoire émotionnelle précoce**
- Vous voyez rapidement de réels progrès
- Vous développez **la confiance en vous-même**
- Vous créez un élan difficile à arrêter

💡 *« Il ne s'agit pas de réaliser les plus grosses économies, mais de réaliser un changement d'état d'esprit radical. »*

🧠 Étude de cas n° 1 : La boule de neige à 12 000 $ d'Angela

Angela est une mère célibataire qui travaille comme aide-soignante. Examinons d'abord ses revenus et ses dépenses, ensuite ce qui lui reste.

Phase	Mois	Revenu net	Frais de subsistance (Depenses)	Disponible pour la dette	Notes
1) Coup d'envoi	1–2	**3 000 $**	**2 325 $**	**675 $**	Début des sessions de travail supplémentaires ; concentration sur la facture médicale à terminer dans 2 mois
2) Doublez la mise	3–9	**3 300 $**	**2 200 $**	**1 100 $**	Heures supplémentaires (+ 300 $) et réductions temporaires (– 125 $) pour écraser les deux cartes d'ici le mois 9
3) Croisière	10–22	**3 000 $**	**2 325 $**	**675 $**	Fin des heures supplémentaires ; remboursement régulier de la voiture jusqu'au mois 22

Voici à quoi ressemblaient ses dettes :

Doubler	Dette	Dette	Taux d'intérêt	Paiement mensuel
1	facture médicale	450 $	0%	50 $
2	Carte de crédit A	1200 $	18,99%	75 $
3	Carte de crédit B	3800 $	23,99%	150 $
4	Prêt automobile	6500 $	7,5%	225 $

Son montant minimum de dettes totalise 500 $ (médical 50 $ + carte de crédit A 75 $ + carte de crédit B 150$ + voiture 225 $).

Quel est le montant « supplémentaire » disponible après que toutes les dettes minimales (500 $) ont été payées ?

- Le supplément pour le coup d'envoi (mois 1-2) est de **175 $** (d'où cela vient : 675 $ – 500 $)
- Doublez la mise (mois 3-9) supplémentaire est = **600 $** (d'où cela vient : 1100 $ – 500 $)
- Croisière Sortie (mois 10-22) supplémentaire = **175$** (d'où cela vient : 675 $ – 500 $)

Lisez le tableau ci-dessous de gauche a droite, ligne par ligne

Phase	Focus sur la dette	Paiement mensuel efficace pour se concentrer	Autres dettes (payées au minimum)

1) Mois 1–2	**Médical 450 $ à 0 %**	**225 $** (50 $ min + 175 $ supplémentaire) → **payé en 2 mois**	CC A 75 $, CC B 150 $, Voiture 225 $
2a) Mois 3–4*	**Carte de crédit A 1 200 $ à 18,99 %**	**725 $** (75 $ min + 50 $ (du service médical) + **600 $ supplémentaires**) → **payé par mois 4** *	CC B 150 $, Voiture 225 $
2b) Mois 5 à 9	**Carte de crédit B 3 800 $ à 23,99 %**	**875 $** (150 $ min + 125 $ (provenant de Medical+CC A) + **600 $ supplémentaires**) → **les deux cartes sont faites au mois 9**	Voiture 225 $
3) Mois 10–22	**Prêt automobile de 6 500 $ à 7,5 %**	**675 $** (225 $ min + 275 $ roulés à partir de cartes + **175 $ supplémentaires**) → **payé au mois 22**	—

CC A se termine vers* **le mois 4 *une fois que la puissance de feu de la phase 2 frappe ; son montant lancé rejoint alors CC B.*

Au lieu de se concentrer d'abord sur sa carte de crédit à taux d'intérêt élevé, elle s'est attaquée à sa **facture médicale de 450 $** . Il lui a fallu **deux mois** pour la rembourser, avec des heures supplémentaires et des coupes budgétaires.

Forte de cette victoire, elle a transféré les 50 $ qu'elle avait payés pour la facture médicale sur sa carte de crédit A.

Au neuvième mois, elle avait remboursé ses deux cartes de crédit.

Au bout de 22 mois, elle était complètement libérée de ses dettes, y compris le prêt automobile.

Résumé en chiffres :

- La phase 1 donne suffisamment délan pour régler la **facture médicale de 450 $ en 2 mois** sans cesser de payer les autres minimums.
- **Le budget** temporaire de la dette **de 1100 $/ mois de la phase 2** (heures supplémentaires + réductions) est ce qui rend **les deux cartes utilisées d'ici le mois 9** réalistes **avec les intérêts inclus.**
- En revenant à **675 $/ mois** dans la phase 3, la **voiture est toujours terminée au 22e mois** grâce aux 275 $ reportés (anciens minimums) plus les 175 $ supplémentaires constants.

> *« Chaque fois que je remboursais quelque chose, j'avais l'impression de marcher un peu plus droit. Cela me donnait une force que je ne soupçonnais pas »*

🧠 Étude de cas n° 2 : La boule de neige de la dette de Pierre et Lisette en tant que couple

Pierre et Lisette sont un couple avec trois enfants. Ils jonglaient, se sentaient coincés : ils arrivaient à peine à payer leurs factures et se disputaient constamment à propos d'argent.

Revenus et dépenses du ménage

Article	Montant mensuel
Revenu net du ménage (Pierre + Lisette)	**4200 $**
Frais de subsistance (logement, nourriture, services publics, enfants, transport, etc.)	**3200 $**
Flux de trésorerie disponibles pour la dette (4200 – 3200)	**1000 $**

☞ Ils « payaient à peine », ils ont décidé de ne plus manger au restaurant et Lisette a fait choix d'identifier un système avec un coach de Shopunlocked .

1000 $ par mois est réaliste pour une famille de cinq personnes une fois qu'ils ont libéré des dépenses et ajouté des revenus indépendants.

Dette	Dette	Taux d'intérêt	Paiement mensuel
Carte de crédit du magasin	900 $	24,99%	65 $
Forfait de téléphonie mobile	1400 $	0% (financement)	100 $
Prêt de meubles	2300 $	19,99%	110 $
Prêt personnel	5000 $	13,5%	160 $

Paiements du minimum requis sur la dette

- Carte de crédit du magasin = **65 $**
- Téléphone portable = **100 $**
- Prêt mobilier = **110 $**
- Prêt personnel = **160 $**
- **Total minimum = 435 $**

Avec **un flux de trésorerie de 1000 $ par mois** , ils disposent **de 565 $ supplémentaires** pour faire boule de neige.

Phase	Focus sur la dette	Dette	Min +	Supplé-ment ajouté	Paiement total	Mois
1	Carte de crédit du magasin (900 $)	900 $	65 $	+565 $	**630 $/ mois**	**≈ 2 mois**
2	Forfait de téléphonie mobile (1 400 $)	1 400 $	100 $ + 65	+565 $	**730 $/ mois**	**≈ 2 mois**
3	Prêt pour l'achat de meubles (2 300 $)	2 300 $	110 + 165	+565 $	**840 $/ mois**	**≈ 3 mois**
4	Prêt personnel (5 000 $)	5 000 $	160 + 275	+565 $	**1 000 $/ mois**	**≈ 11 mois**

⏱ Étapes clés de la chronologie

- **Mois 2** → Carte de magasin disparue
- **Mois 4** → Téléphone portable remboursé
- **Mois 7** → Prêt de meubles disparu
- **Mois 18** → Prêt personnel terminé → **Sans dette !**

Ils ont célébré ensemble, se sont sentis reconnectés et ont redoublé d'efforts.

En **18 mois** , ils avaient tout remboursé.

> *« Rembourser cette première carte a permis d'économiser notre budget, mais aussi de préserver notre tranquillité. »*

▧ Auto-vérification : démarrez votre boule de neige

Objectif : Élaborez votre plan de remboursement personnel en utilisant la méthode boule de neige.

Mesures:

1. Dressez la liste de toutes vos dettes, du **solde le plus petit au plus élevé** .
2. Notez votre **paiement minimum** pour chacun.
3. Choisissez la première cible (la plus petite).
4. Décidez du montant **supplémentaire** que vous pouvez payer chaque mois.
5. Suivez chaque victoire et **reportez le paiement** à la dette suivante.

Exemple :

Dette	Dette	Paiement minimum	Payé ?
Carte de crédit A	520 $	45 $	☑ Mois 2
Prêt de meubles	1 100 $	85 $	⌛ Actif
Prêt automobile	4 800 $	220 $	✕

Réécrivez votre histoire

Si vous vous êtes déjà dit :

« Ça va prendre trop de temps... Je ferais mieux d'abandonner. »

Dites plutôt ceci :

> *« Je n'ai pas besoin de finir aujourd'hui. Je dois juste gagner la manche d'aujourd'hui. Les progrès s'accumulent. La confiance grandit. Je vais continuer. »*

💬 Écrit juste pour vous

> *« Chaque dette que vous remboursez est une main de moins dans votre poche et une brique de plus dans votre liberté. »*

🏔 8.4 La méthode Avalanche : les maths les plus intelligentes gagnent

☑ Qu'est-ce que la méthode Avalanche ?

La **méthode Avalanche** est une approche stratégique pour rembourser ses dettes en ciblant **d'abord les dettes dont le taux d'intérêt est le plus élevé**, et non le solde le plus faible.

Pourquoi ? Parce qu'au fil du temps, ce sont les dettes à taux d'intérêt les plus élevés **qui vous coûtent le plus cher**.

Tout comme une véritable avalanche qui démarre haut et gagne en puissance à mesure qu'elle redescend, cette méthode vous aide **à réduire d'abord vos paiements d'intérêts** , afin que votre argent aille plus loin, plus rapidement.

🔧 Comment fonctionne la méthode Avalanche (étape par étape)

1. **Dressez la liste de toutes vos dettes, du taux d'intérêt** le plus élevé au plus bas, quel que soit le solde.
2. **Effectuez les paiements minimums** sur toutes les dettes, sauf celle qui a le **taux d'intérêt annuel le plus élevé**.
3. Investissez **tout ce que** vous pouvez dans cette dette à intérêt élevé jusqu'à ce qu'elle disparaisse.
4. Une fois remboursé, **reportez ce paiement** sur la prochaine dette dont le taux d'intérêt est le plus élevé.
5. Répétez jusqu'à ce que vous soyez sans dette.

💡 *La méthode Avalanche n'est pas seulement une question de discipline, mais aussi d'efficacité. Vous payez moins d'intérêts et vous vous en sortez plus rapidement.*

🧠 Pourquoi ça marche

Les mathématiques plutôt que les émotions

Si la **méthode boule de neige** est axée sur l'élan et la motivation, la **méthode avalanche** est axée sur la précision et **l'impact financier maximal**.

Vous n'obtiendrez peut-être pas la victoire rapide de rembourser immédiatement une petite dette, mais :

- Vous paierez moins d'intérêts au total

- Vous vous sortirez de vos dettes **plus tôt** si vous restez cohérent
- Vous évitez de gaspiller de l'argent sur des soldes à coût élevé qui augmentent plus rapidement

📊 *C'est la différence entre arracher les mauvaises herbes et les racines. La méthode Avalanche frappe là où vous avez le plus mal.*

🧠 Étude de cas n° 1 : la stratégie d'avalanche de 20 000 $ de Marc

Marc a 34 ans, il est graphiste indépendant et a des revenus irréguliers.

Étape 1) Budget du ménage et flux de trésorerie

Article	Montant
Revenu net du ménage	**4000 $**
Frais fixes (loyer 1 500 ; charges 250 ; assurance 200 ; transport 250 ; garde d'enfants/école 350)	**2 550 $**
Dépenses variables (épicerie 500 ; repas 120 ; abonnements 120 ; divers 100)	**840 $**
Total des frais de subsistance	**3 390 $**
Flux de trésorerie disponibles pour l'endettement (4000 – 3390)	**610 $**

Nous maintiendrons le budget d'endettement à **610 $/mois**. Ce budget correspond au montant supplémentaire disponible chaque mois après déduction de toutes les dépenses (flux de trésorerie). C'est ce montant qui permet d'éliminer efficacement les dettes, que vous utilisiez la méthode Avalanche ou la méthode Boule de Neige.

Étape 2) Ordre d'avalanche = taux d'intérêt annuel le plus élevé en premier

Réorganisons la table

Priorité	Dette	Dette	Taux	Paiement minimum
#1	Carte de crédit du magasin	900 $	**24,99%**	**65 $**
#2	Prêt de meubles	2300 $	**19,99%**	**110 $**
#3	Prêt personnel	5000 $	**13,5%**	**160 $**
#4	Forfait cellulaire (financement à 0 %)	1400 $	**0%**	**100 $**
	Total minimum			**435 $**

Voici comment comprendre le processus que nous allons appliquer avec la méthode Avalanche :

1. En nous concentrant sur la dette **n°1 de la carte de magasin** , nous continuons à payer **le minimum sur toutes les autres dettes** et utilisons notre trésorerie (tout argent supplémentaire restant après toutes les dépenses) pour payer la dette sur laquelle nous nous concentrons (exemple pour l'instant : la carte de magasin n°1).

2. Avec un budget de désendettement mensuel de 610 $ (flux de trésorerie mensuel / « supplément mensuel ») indiqué à **l'étape 1** et un minimum total de 435 $ à payer mensuellement indiqué à **l'étape 2**, le supplément = **175 $ par mois (610 $ - 435 $)** .

3. Ainsi, alors que la carte de magasin est au centre des préoccupations pour le moment : **la carte de magasin reçoit 65 $** (paiement mensuel minimum régulier **) + 175 $** (budget de désendettement)

= **240 $/ mois** ; les autres dettes reçoivent leurs paiements minimum réguliers comme d'habitude.

Avalanche la première dette uniquement pour l'instant (carte de crédit du magasin)

Phase 1 : Plan de paiement de cette phase (chaque mois) :

- Carte de magasin : **240 $**
- Cellulaire : **100 $**
- Meubles : **110 $**
- Personnel : **160 $**
- **Sortie mensuelle totale = 610 $**

Tableau de remboursement – Carte de crédit de magasin (taux d'intérêt annuel de 24,99 %, solde initial de 900 $)

	Solde de départ	Intérêt	Paiement par carte de magasin	Capital payé	Solde final
1	900,00 $	18,74 $	**240,00 $**	221,26 $	678,74 $
2	678,74 $	14,13 $	**240,00 $**	225,87 $	452,87 $
3	452,87 $	9,43 $	**240,00 $**	230,57 $	222,30 $
4	222,30 $	4,63 $	**226,93 $**	222,30 $	**0,00 $**

Résultat : Carte bancaire payée en **4 mois** .

Intérêts totaux payés sur cette dette : 46,93 $.

Avalanche la deuxième dette (Prêt Meubles, 19,99% taux d'intérêt annuel)

Solde de départ : 2300 $

Paiement minimum : 110 $

Montant reporté de la carte de magasin remboursée: + 240 $

Nouveau paiement mensuel au prêt mobilier : 350 $ (110 $ minimum régulier + report de la dette 1 remboursée)

NB : Le paiement des autres dettes reste au minimum pour le moment: Cellulaire 100 $, Personnel 160 $

Le budget total de la dette reste de 610 $/ mois

Phase 2 : Tableau de remboursement – Prêt mobilier

	Solde de départ	Intérêt	Paiement aux meubles	Capital payé	Solde final
1	2 300,00 $	38,33 $	**350,00 $**	311,67 $	1 988,33 $
2	1 988,33 $	33,15 $	**350,00 $**	316,85 $	1 671,48 $
3	1 671,48 $	27,87 $	**350,00 $**	322,13 $	1 349,35 $
4	1 349,35 $	22,49 $	**350,00 $**	327,51 $	1 021,84 $
5	1 021,84 $	17,03 $	**350,00 $**	332,97 $	688,87 $
6	688,87 $	11,48 $	**350,00 $**	338,52 $	350,35 $
7	350,35 $	5,83 $	**356,18 $**	350,35 $	**0,00 $**

Résultat : Prêt mobilier remboursé en **7 mois** .

Intérêts totaux payés sur cette dette : 156,18 $

Avalanche la troisième dette (prêt personnel, 13,5 % taux d'intérêt annuel)

Solde de départ : 5 000 $

Paiement minimum : 160 $

Reporté de la carte de magasin remboursée + Meubles : + 350 $

Nouveau paiement mensuel vers un prêt personnel : **510 $** (160 $ minimum régulier + report des dettes 1 et 2 remboursées)

(Pendant ce temps, le forfait de téléphonie mobile conserve son paiement minimum de 100 $.)

Le budget mensuel total de la dette est toujours de 610 $

Phase 3 : Tableau de remboursement – Prêt personnel

	Solde de départ	Intérêt	Paiement à des fins personnelles	Capital payé	Solde final
1	5000,00 $	56,25 $	**510,00 $**	453,75 $	4546,25 $
2	4546,25 $	51,14 $	**510,00 $**	458,86 $	4087,39 $
3	4087,39 $	45,98 $	**510,00 $**	464,02 $	3623,37 $
4	3623,37 $	40,77 $	**510,00 $**	469,23 $	3154,14 $
5	3154,14 $	35,52 $	**510,00 $**	474,48 $	2679,66 $
6	2679,66 $	30,15 $	**510,00 $**	479,85 $	2199,81 $
7	2199,81 $	24,75 $	**510,00 $**	485,25 $	1714,56 $
8	1714,56 $	19,32 $	**510,00 $**	490,68 $	1223,88 $
9	1223,88 $	13,79 $	**510,00 $**	496,21 $	727,67 $
10	727,67 $	8,19 $	**510,00 $**	501,81 $	225,86 $
11	225,86 $	2,54 $	**228,40 $**	225,86 $	**0,00 $**

Résultat : Prêt personnel remboursé en **11 mois** .

Intérêts totaux payés sur cette dette : 328,40 $

Avalanche la quatrième dette (Forfait Mobile, 0% taux d'intérêt annuel)

Solde de départ : 1400 $

Paiement minimum : 100 $

Reporté de toutes les dettes précédentes : + 510 $

Nouveau paiement mensuel : 610 $

(Aucun intérêt puisque financement à 0 %).

Phase 4 : Tableau des retombées – Forfait mobile

	Solde de départ	Intérêt	Paiement	Capital payé	Solde final
1	1 400,00 $	0,00 $	**610,00 $**	610,00 $	790,00 $
2	790,00 $	0,00 $	**610,00 $**	610,00 $	180,00 $
3	180,00 $	0,00 $	**180,00 $**	180,00 $	**0,00 $**

Résultat : Téléphone portable payé en **3 mois** .

Intérêts totaux payés : 0 $ ☑

🎉 Résultats finaux – Méthode Avalanche (Pierre & Lisette)

- **Carte de crédit du magasin :** 4 mois remboursés
- **Prêt mobilier :** 7 mois remboursés
- **Prêt personnel :** 11 mois remboursés
- **Forfait mobile :** 3 mois remboursés

Total = 25 mois pour être libéré de ses dettes (≈ 2 ans, 1 mois)

Intérêts totaux payés : ~ 531,51 $

> *« Au début, ce n'était pas passionnant, mais une fois que j'ai vu à quelle vitesse l'intérêt a cessé de grandir, j'ai été accrochée. »*

> ⚖️ *Comparée à la* **méthode Boule de Neige,** *la méthode* **Avalanche** *peut prendre un peu plus de temps pour éliminer les dettes, mais la méthode Avalanche* **vous permet d'économiser de l'argent en intérêts.**

Comparons rapidement les deux méthodes avec des chiffres, en utilisant **l'étude de cas de Pierre et Lisette**

Métrique	Méthode boule de neige	Méthode Avalanche
Focus stratégique	**Le plus petit solde en premier**	**Le taux d'intérêt le plus élevé en premier**
Première dette payée	Carte de magasin (900$)	Carte de magasin (900 $)
Dette finale payée	Prêt personnel (5000 $)	Forfait de téléphonie mobile (1400 $, 0 %)
Temps total pour se libérer de ses dettes	**18 mois**	**25 mois**
Total des intérêts payés	**~ 1250 $**	**~ 532 $**
Bénéfice psychologique	Des gains rapides, une forte motivation	Des progrès visibles plus lents
Avantage financier	Calendrier global plus rapide	Économise environ **718 $** en intérêts

☑ **Boule de neige** : Idéal pour l'élan, les victoires émotionnelles, une liberté plus rapide.

☑ **Avalanche** : Idéal pour minimiser le total des intérêts payés, même si cela prend plus de temps.

Étude de cas n° 2 : Le dilemme de Judith entre l'avalanche et la boule de neige

Judith, professeur de lycée en Floride, devait choisir entre les deux méthodes.

Étape 1 – Revenus, dépenses et flux de trésorerie

Le budget mensuel de Judith

Article	Montant
Revenu net (salaire des enseignants)	**3 800 $**
Frais fixes (loyer 1 300 ; charges 250 ; assurance 200 ; transport 300 ; téléphone/internet 120)	**2 170 $**
Dépenses variables (épicerie 500 ; personnelles 230 ; diverses 210)	**940 $**
Total des frais de subsistance	**3 110 $**
Flux de trésorerie disponibles pour la dette	**690 $**

Ses dettes :

Dette	Dette	Taux d'intérêt	Paiement mensuel
Carte de magasin	650 $	19,99%	45 $
Carte de crédit	2 800 $	**25,99%**	90 $
Prêt étudiant	9 000 $	6,5%	150 $

Paiements minimaux de la dette

- Carte de magasin = 45 $
- Carte de crédit = 90 $
- Prêt étudiant = 150 $
- **Total minimum = 285 $**

Judith peut donc consacrer **405 $ de plus par mois** (690 $ – 285 $) à la dette sur laquelle elle se concentre.

Étape 2 – Dilemme boule de neige ou avalanche

Métrique	Méthode boule de neige	Méthode d'avalanche
Focus stratégique	Le plus petit solde en premier	Le taux d'intérêt le plus élevé en premier
Première dette payée	Carte de magasin (650 $)	Carte de crédit (2800 $ à 25,99 %)
Temps total pour se libérer de ses dettes	~ **46 mois** (3 ans 10 mois)	~ **40 mois** (3 ans 4 mois)
Total des intérêts payés	**~ 6800 $**	**~ 4900 $**
Économies	—	**≈ 1900 $ moins d'intérêts**
Bénéfice psychologique	Victoire rapide en environ 2 mois (carte de magasin disparue)	Démarrage lent, mais économies financières importantes
Le choix de Judith	Initialement Boule de Neige (pour un soulagement rapide)	Je suis passé à Avalanche après avoir réalisé le coût de la carte de crédit

Au début, elle voulait faire Boule de Neige parce que **sortir rapidement la carte du magasin était satisfaisant** .

Mais après, elle s'est rendu compte que sa **carte de crédit à 25,99 %** lui coûterait des intérêts supplémentaires si elle la laissait intacte.

☑ À retenir

Boule de neige : aurait donné à Judith un coup de pouce rapide, mais lui aurait coûté **6 mois de plus** et **environ 1900 $ de plus en intérêts** .

Avalanche : elle était plus lente émotionnellement mais plus intelligente mathématiquement — elle payait moins d'intérêts, finissait plus vite et gagnait en tranquillité d'esprit.

> *« J'ai choisi les mathématiques plutôt que les sentiments, et maintenant je me sens vraiment bien. »*

▧ Auto-vérification : choisissez la méthode qui vous convient

Objectif : Élaborer un plan d'attaque de la dette basé sur la méthode choisie.

Mesures:

1. Dressez la liste de toutes vos dettes avec **les taux d'intérêt et les soldes** .
2. Classez-les selon la méthode choisie.
3. Mettez en évidence votre première dette – selon la méthode que vous avez choisie
4. Déterminez le montant **supplémentaire que** vous pouvez y consacrer chaque mois. Il vous faut un budget. Vous devez connaître votre trésorerie mensuelle (voir le livre « Commencer Ici »).
5. Établissez un plan pour **réduire les paiements** au fur et à mesure que chaque dette est éliminée.

Réécrivez votre histoire

Si vous avez pensé :

« C'est trop lent. J'ai besoin de victoires rapides pour rester motivé. »

Essayez de le reformuler comme suit :

> *« Je mise sur le long terme. Chaque dollar économisé en intérêts est un dollar de plus que je garde pour mon avenir. »*

Toutes les victoires ne sont pas émotionnelles, mais certaines sont **plus puissantes à long terme.**

🗨 Écrit juste pour vous

> *« La méthode Avalanche n'avance pas vite au début, mais elle ouvre la voie à tout ce qui suit. »*

📌 Résumé du chapitre : Ce que vous avez conquis

> *Parfois, le geste le plus intelligent n'est pas le plus rapide : c'est celui qui vous libère pour toujours.*

- **La méthode Avalanche s'attaque d'abord à vos dettes les plus coûteuses.**
- Vous économiserez le plus d'argent en éliminant rapidement les comptes à intérêt élevé.
- **Il ne s'agit pas toujours de la plus petite balance**, mais de la plus grande menace.
- **Chaque dollar d'intérêt non payé est un dollar que vous perdez,** et ces dollars s'accumulent.
- **Cette méthode nécessite de la patience** , mais elle offre également la liberté financière la plus rapide si vous restez cohérent.

✵ Prochaine étape

Au chapitre 9, nous commençons à réunir tous les éléments : vos chiffres réels, votre bilan de dettes et votre stratégie personnelle. Nous élaborerons votre premier plan de bataille, avec des chiffres que vous comprenez et des décisions que vous assumerez.

◇ PARTIE 2 – EXECUTEZ

VOTRE CAHIER D'EXERCICES ÉTAPE PAR ÉTAPE

ÉLABOREZ DES STRATÉGIES, SUIVEZ-LES

ET ÉLIMINEZ VOS DETTES

« Ce n'est pas seulement une question de chiffres. Il s'agit de retrouver vos choix, votre paix intérieure et votre vie. »

Cette page est laissée vierge intentionnellement

CHAPITRE 9

Il est temps d'agir : votre plan de match pour vous libérer de vos dettes

> *« Pas besoin d'un diplôme en finance ou d'un oncle riche. Il vous faut un crayon, une certaine vérité et la volonté de vous en tenir au plan. »*

☑ 9.1– Le pouvoir de tout affronter

« Je pensais qu'ignorer ma dette me dérangerait moins. En fait, ça lui a donné encore plus de pouvoir sur moi. »

Laissez-moi vous présenter Allan. Il a évité son application bancaire pendant trois mois d'affilée. Il a payé le minimum sur ses cartes, certes, mais il n'a jamais regardé le solde. Il s'est dit : *« Je m'en occuperai quand j'aurai gagné plus. »*

Puis, un jour, un découvert inattendu sur son compte de banque a déclenché une cascade de paiements sans provision. Le stress l'a rendu malade. Et c'est là qu'il a réalisé :

« Le plus effrayant n'était pas le nombre, c'était de ne pas le connaître. »

C'est de cela dont parle ce chapitre : **savoir.**

Non pas pour vous faire avoir honte, mais pour **vous libérer de la peur qui a gouverné votre vie financière.**

📌 Obtenir l'approbation : ce dont vous aurez besoin et à qui vous parlerez

Afin d'appliquer l'une des stratégies (Avalanche / Boule de neige) dont nous avons parlé précédemment dans ce livre, vous devez choisir votre arme, votre outil (carte de crédit à 0%, prêt personnel, Ligne de Credit etc)

Voici quelques outils et comment vous pouvez y accéder :

🏦 1. Prêt personnel

Quand l'utiliser : consolidation de dettes, dépenses d'urgence, réparations, etc.

À qui parler :

- Agent de crédit d'une banque ou d'une coopérative de crédit
- Prêteur en ligne, Préteur Privé

Documents dont vous aurez besoin :

- Pièce d'identité émise par le gouvernement
- Justificatif de revenus (bulletins de paie, déclarations de revenus)
- Vérification de l'emploi

- Relevés bancaires récents
- Rapport de crédit (ils le retireront)

Score de crédit typique requis :

- ☑ **Excellent (740+) :** Meilleurs taux d'intérêt (5 %–8 %)
- ⚠ **Bon (670–739) :** Approuvé avec des taux d'intérêt plus élevés (9 %–16 %)
- ✖ **Passable ou médiocre (<670) :** taux d'intérêt plus élevés ou cosignataire requis

🔁 2. Ligne de crédit personnelle (LC non garantie)

Quand l'utiliser : Emprunt flexible pour les besoins de votre entreprise, les urgences ou le remboursement stratégique d'une dette

À qui parler :

- Votre banquier personnel dans une banque traditionnelle ou une coopérative de crédit
- Banquier d'affaires pour les travailleurs indépendants/entrepreneurs individuels

Documents dont vous aurez besoin :

- Pièce d'identité émise par le gouvernement
- Preuve de revenus réguliers

- Vérification de l'emploi
- Déclarations d'impôts (surtout si vous êtes travailleur indépendant)
- Relevés bancaires
- Rapport de crédit

Score de crédit typique requis :

- ☑ **Plus de 720** meilleurs termes
- ⚠ **680–719** approbation modérée
- ✖ **En dessous de 680,** une garantie peut être requise ou un refus peut être observé.

💡 *Conseil : les coopératives de crédit ont tendance à offrir des conditions de souscription plus clémentes que les grandes banques commerciales.*

🔁 3. Ligne de crédit personnelle (LC non garantie)

Quand l'utiliser : Emprunt flexible pour les besoins de votre entreprise, les urgences ou le remboursement stratégique d'une dette

À qui parler :

- Votre banquier personnel dans une banque traditionnelle ou une coopérative de crédit
- Banquier d'affaires pour les travailleurs indépendants/entrepreneurs individuels

Documents dont vous aurez besoin :

- Pièce d'identité émise par le gouvernement
- Preuve de revenus réguliers
- Vérification de l'emploi
- Déclarations d'impôts (surtout si vous êtes travailleur indépendant)
- Relevés bancaires
- Rapport de crédit

Score de crédit typique requis :

- ☑ **720 +** meilleures conditions
- ⚠ **680– 719** approbation modérée
- ✕ **En dessous de 680,** une garantie peut être requise ou un refus peut être observé.

💡 *Conseil : les coopératives de crédit ont tendance à offrir des conditions de souscription plus clémentes que les grandes banques commerciales.*

🏠 4. Marge de crédit hypothécaire

Quand l'utiliser : consolidation de dettes, rénovations ou coussin d'urgence

À qui parler :

- Agent de crédit hypothécaire de votre banque ou prêteur actuel

- Service de prêts immobiliers d'une coopérative de crédit ou d'une banque communautaire locale

Documents dont vous aurez besoin :

- Pièce d'identité émise par le gouvernement
- Relevé hypothécaire récent
- Preuve de propriété (acte/titre)
- Preuve de revenu
- Déclarations de revenus (2 ans)
- Évaluation de la maison (souvent requise)
- Assurance immeuble
- Rapport de crédit

Score de crédit typique requis :

- ☑ **Plus de 700** meilleurs tarifs
- ⚠ **660–699** approuvés avec des taux plus élevés
- ✖ **En dessous de 660,** le crédit peut être refusé ou limité

💡 *Vous devez généralement détenir* ***au moins 15 à 20 % de capitaux propres*** *comme garantie sur votre maison pour être admissible.*

🏡💳 5. Hypothèque de premier rang

Quand l'utiliser : Stratégie hypothécaire avancée pour un remboursement rapide de dette (voir plus loin dans ce livre) ; remplace l'hypothèque traditionnelle

À qui parler :

- Prêteur spécialisé qui propose **des Prêts hypothécaires de première position** (toutes les banques ne le font pas)
- Courtiers hypothécaires avec expertise dans ce type de pret
- Coopératives de crédit et fintechs spécialisées dans les prêts flexibles

Documents dont vous aurez besoin :

- Identique à la marge de crédit hypothécaire standard, plus :
  - Budget mensuel détaillé
  - Preuve d'un flux de trésorerie solide et constant
  - Volonté de refinancer l'intégralité du prêt hypothécaire
  - Évaluation de la maison requise
  - Transfert d'acte ou de titre pour le positionnement du privilège

Score de crédit typique requis :

- ☑ **740+** fortement préféré
- ⚠ **700–739** considérés comme ayant un revenu et des capitaux propres solides
- ✖ **En dessous de 700,** rarement approuvé

⚠ *Ce produit **n'est pas destiné aux débutants** . Vous devez comprendre les flux de trésorerie, la discipline bancaire et comment éviter l'utilisation abusive du crédit renouvelable.*

💳 6. Carte de crédit (à faible taux d'intérêt ou avec récompenses)

Mode d'emploi : Dépenses quotidiennes, constitution de crédit, transferts de solde

À qui parler :

- Demandes en ligne.

Copiez ☞*/collez dans votre navigateur :*

https://i.capitalone.com/GsVEPCNxs

- Représentant en succursale de votre banque ou coopérative de crédit

Documents dont vous aurez besoin :

- Pièce d'identité émise par le gouvernement
- Justificatif de revenu (parfois facultatif)
- numéro de sécurité sociale (dans certains pays)
- Informations sur l'emploi

Score de crédit typique requis :

- ☑ **Excellent (740+) :** Accès à des promotions à 0% taux d'intérêt annuel, des récompenses de premier ordre et des taux actuels les plus bas
- ⚠ **Bon (700–739) :** Peut être admissible à de bonnes cartes, mais attention aux taux d'intérêt annuel plus élevés
- ✖ **En dessous de 700 :** probabilité d'obtenir des cartes à taux d'intérêt élevé ou cartes sécurisées

☑ Conseil final

> 💬 *« Ne vous présentez jamais à un rendez-vous de prêt sans maitriser le sujet. Avant de remplir un formulaire, renseignez-vous sur votre cote de crédit, votre budget et la raison de votre emprunt. »*

📌 Utilisation de votre outil : étape par étape

📌 Utilisation d'une carte de crédit avec transfert de solde à 0 %

Une fois votre demande approuvée, l'étape suivante consiste à savoir comment utiliser l'outil pour faire fonctionner votre stratégie de gestion de l'endettement. Prenons l'exemple de Judith, une enseignante de Floride. Elle a choisi la méthode Avalanche et a décidé de demander une carte de crédit avec transfert de solde à 0 %. Voici comment elle l'a utilisée :

Transférez d'abord la dette à taux d'intérêt élevé : Judith a transféré la dette de son actuelle carte de crédit de 2800 $ (25,99 % d'intérêt) sur la nouvelle carte à 0 %. Cela a immédiatement mis fin aux frais d'intérêt élevés qui lui coûtaient plus de 1200 $ par an.

Maintenir le même montant – Même si son nouveau paiement minimum était bien inférieur, Judith a continué à payer les 495 $ par mois qu'elle avait déjà budgétisés. Sans intérêts accumulés, chaque dollar a servi à réduire le solde.

Respecter la période de remboursement – L'offre à 0 % ayant une durée de 18 mois, l'objectif de Judith était de rembourser ce solde avant la fin de la promotion. Elle a suivi ses progrès mensuellement pour respecter son calendrier.

Ensuite, elle a reporté le paiement – une fois la carte de crédit soldée, elle a appliqué les 495 $ libérés chaque mois à son prêt étudiant, réduisant ainsi encore plus son échéancier.

En utilisant le bon outil de la bonne manière, Judith n'a pas seulement éliminé ses dettes : elle les a utilisées comme un pont pour accélérer son plan Avalanche, économisant près de 2000 $ d'intérêts et réduisant de six mois le temps du processus de désendettement.

📌 Utiliser un prêt personnel

Prenons maintenant Angela, une mère célibataire endettée de 12 000 $. Au lieu de jongler avec quatre paiements différents – factures médicales, deux cartes de crédit et un prêt auto – elle aurait pu demander un prêt personnel à 9 % d'intérêt. Si elle était approuvée, la banque aurait remboursé ses cartes de crédit et ses factures médicales d'un seul coup. Au lieu de payer plusieurs mensualités minimales (et de se retrouver écrasée par les 24 % d'intérêts de sa carte de crédit), Angela aurait désormais un seul paiement mensuel fixe, adapté à son budget. Cela lui permettrait d'avoir une date de fin précise, des frais d'intérêt réduits et d'être moins stressée par la gestion des différentes échéances.

📌 Utiliser une marge de crédit hypothécaire

Imaginez enfin Pierre et Lisette, ce couple avec trois enfants et 9 600 $ de dettes réparties entre une carte de crédit, un forfait mobile, un prêt mobilier et un prêt personnel. Propriétaires d'une maison avec valeur nette, ils pouvaient ouvrir une marge de crédit hypothécaire à 6 % d'intérêt. Ils ont emprunté juste assez pour rembourser toutes leurs dettes qui étaient à taux d'intérêt élevé (certaines à plus de 20 %). Leurs dettes ont été consolidées en une seule ligne de crédit à un taux d'intérêt bien plus bas. Ils se sont fixé des règles strictes : conserver les 1000 $ par mois prévus pour les dettes et ne jamais utiliser la marge de crédit hypothécaire pour de nouvelles dépenses. Ce faisant, ils ont respecté la discipline de leur plan Boule de Neige, tout en économisant des centaines de dollars en intérêts et en réduisant considérablement leur délai de remboursement.

☑ **Résumé :**

- La carte à 0% est comme un bouclier contre les taux d'intérêt élevés.
- Le prêt personnel est comme un bouton de réinitialisation, remplaçant le chaos par la structure.
- La marge de crédit hypothécaire est comme un levier, transformant la valeur nette de la maison en un moyen moins coûteux d'écraser la dette.

📌 Ce que vous avez appris jusqu'à présent

« Le plus dangereux avec l'argent, ce n'est pas sa quantité. C'est le peu d'apprentissage qu'on en fait. »

🔎 Points clés à retenir

- Le langage financier est intrinsèquement une barrière. Mais on peut l'apprendre, et l'apprendre rend inébranlable.
- Connaître la différence entre les différents taux d'intérêt annuels vous aide à éviter les pièges.
- L'amortissement, les transferts de solde, les offres à 0% de taux d'intérêt annuel : tous ces éléments comportent des risques émotionnels et financiers lorsqu'ils sont mal compris.
- La budgétisation devient plus intelligente lorsque vous comprenez les dépenses fixes et variables.

- Un fonds d'urgence vous donne une marge de manœuvre et du pouvoir.
- Votre méthode de remboursement de dette doit être adaptée *à votre cerveau* , pas seulement aux mathématiques.

🗨 *« Quand vous parlez couramment d'argent, personne ne peut vous vendre de la peur déguisée en opportunité. »*

🔍 Pourquoi vous ne pouvez pas sauter cette étape

Établir un budget sans dresser un inventaire complet de ses dettes, c'est comme essayer de cuisiner un repas sans savoir quels ingrédients on a. Vous finirez par être frustré, gaspillerez et tournerez en rond.

Ce chapitre est l'endroit où vous :

- Listez toutes vos dettes
- Nommez ce que vous devez et à qui
- Soyez clair sur **ce que cela vous coûte mensuellement et émotionnellement**

Fini les suppositions. Fini les « environ 200 $ » ou les « je pense que c'est presque remboursé ». Juste **des faits.**

🧠 9.2– Fiche de travail : Aperçu de ma dette actuelle

Ceci est votre **miroir financier** . Il n'est pas là pour vous juger, mais pour vous donner une image claire afin que vous puissiez commencer à changer ce que vous voyez.

Type de dette	Dette	Taux d'intérêt annuel	Paiement minimum	Des années de dettes
Carte de crédit A	3200 $	24,99%	95 $	2 ans
Prêt automobile	6000 $	8,0%	240 $	1,5 an
Prêt personnel	4500 $	12,5%	160 $	3 ans
Prêt étudiant	7800 $	6,5%	120 $	5 ans

Utilisez la fiche ci-dessous ou dessinez-la dans votre carnet. L'important est de **tout mettre sur papier.**

En voici un vierge (n'hésitez pas à écrire dans le livre)

Type de dette	Dette	Taux d'intérêt (taux d'intérêt annuel)	Paiement minimum	Des années de dettes

Réécrivez votre histoire

Si votre cerveau vous murmure :

« Ne regarde pas, c'est trop déprimant. »

Dites plutôt :

> *« Mes dettes ne sont pas ma véritable identité. Ce ne sont que des chiffres. C'est moi qui décide de la suite. »*

Chaque fois que vous faites face aux faits, vous commencez à guérir. Vous gagnez **en clarté, en discipline et en puissance** .

☑ 9.3 – Ce qu'il me reste réellement chaque mois

Savoir ce que vous devez n'est que la moitié du chemin. L'autre moitié consiste à savoir ce qu'il vous **reste réellement** , une fois toutes vos factures et obligations réglées.

Il ne s'agit pas de perfection budgétaire, mais d'une prise de conscience honnête.

Utilisez cette formule simple :

Revenus – Dépenses = Réalité

Prenons un exemple.

Catégorie	Montant
Revenu mensuel total	3 600 $
Louer	1 200 $
Utilitaires	250 $
Nourriture	500 $
Transport	300 $
Paiements de dettes	700 $
Abonnements, Divers	200 $
Reste = Flux de trésorerie	**450 $**

Maintenant demandez :

> *« Est-ce suffisant pour régler ma plus petite dette ? Où pourrais-je réduire mes dépenses sans me faire de mal ? »*

Vous avez besoin de ce chiffre car **c'est le carburant que** vous utiliserez pour allumer votre Boule de Neige ou votre Avalanche.

▧ Auto-évaluation : Vision du calendrier de la dette

Objectif : Visualisez vos progrès. Concrétisez-les. Restez motivé.

Mesures:

1. Dessinez un **calendrier de 12 mois** dans votre journal ou téléchargez un document imprimable.
2. Écrivez votre **dette totale de départ** en haut.
3. Créez un plan approximatif : quel sera le solde de cette dette que vous espérez chaque mois.
4. Attribuez une **étape importante** à chaque trimestre :
    - « Carte de crédit A remboursée »
    - « Réduisez de 100 $ les dépenses flexibles »
    - « Le fonds d'urgence atteint 500 $ »
    - « Solde nul sur le prêt automobile »

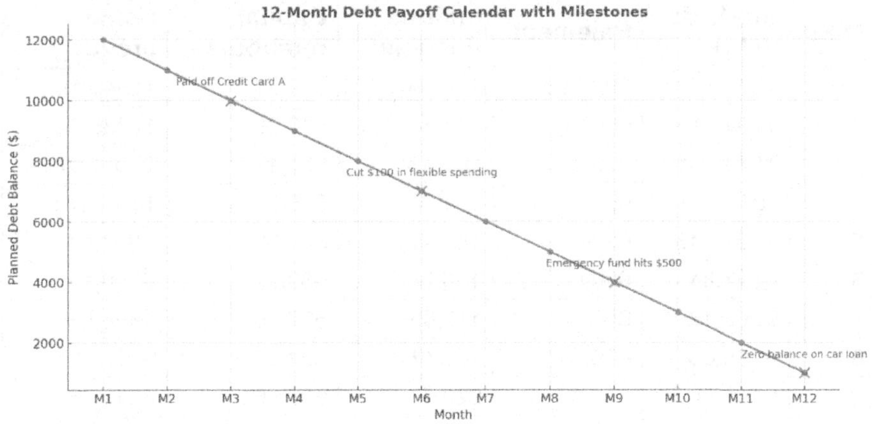

💡 *Le progrès visuel renforce le sentiment de sécurité du cerveau. Il remplace la peur par la concentration.*

EXEMPLE – Format de tableau

📋 Fiche d'analyse de la dette – Plan de Judith (méthode Avalanche)

Hypothèses

- Carte de crédit : **5200 $ à 28,5%** APR, minimum ≈ **3%** (plancher 35 $)
- Carte de magasin : **1650 $ à 24,99%** APR, minimum ≈ **3%** (plancher 25 $)
- Prêt étudiant : **5600 $ à 6,5%** APR, minimum **75 $**
- Paiement total mensuel : **690 $** (minimums sur tout + surplus vers le **taux le plus élevé**)

Total de la dette initiale : 12450 $

Mois	Solde de début	Paiement	Intérêts du mois	Capital remboursé	Solde prévu
1	12450,00	690,00	188,19	501,81	11948,19
2	11948,19	690,00	177,14	512,86	11435,34
3	11435,34	690,00	165,83	524,17	10911,17
4	10911,17	690,00	154,26	535,74	10375,43
5	10375,43	690,00	142,41	547,59	9827,84
6	9827,84	690,00	130,28	559,72	9268,12
7	9268,12	690,00	117,85	572,15	8696,00
8	8696,00	690,00	105,11	584,89	8111,11
9	8111,11	690,00	92,04	597,96	7513,15
10	7513,15	690,00	78,62	611,38	6901,77
11	6901,77	690,00	64,83	625,17	6276,60
12	6276,60	690,00	52,22	637,78	5639,78

☑ Bilan de l'année 1

- Total payé : 8280 $
- Intérêts payés ≈ 1469,78 $
- Capital remboursé ≈ 6810,22 $
- Solde restant ≈ 5639,78 $ (vs 12450 $ initial)
- Étapes Avalanche (avec les taux suivants) :
    - Carte de crédit (28,5 %) remboursée au mois 11
    - Carte de magasin (24,99 %) ≈ mois 13 (juste après l'année 1)
    - Prêt étudiant (6,5 %) ≈ mois 21

Utilisez la page suivante pour insérer vos propres numéros :

📋 Feuille de travail sur l'état de la dette – Plan sur 12 mois

Total de la dette initiale : ____________________ $

Mois	Solde de départ	Paiement prévu	Solde prévu	☑ Souhait / Notes
1	$______	$______	$______	☐ ____________________
2	$______	$______	$______	☐ ____________________
3	$______	$______	$______	☐ ____________________
4	$______	$______	$______	☐ ____________________
5	$______	$______	$______	☐ ____________________
6	$______	$______	$______	☐ ____________________
7	$______	$______	$______	☐ ____________________
8	$______	$______	$______	☐ ____________________
9	$______	$______	$______	☐ ____________________
10	$______	$______	$______	☐ ____________________
11	$______	$______	$______	☐ ____________________
12	$______	$______	$______	☐ ____________________

☑ 9.4 – Pourquoi ce chapitre est un tournant

Énumérer des chiffres peut ne pas sembler passionnant. Cela peut même paraître épuisant.

Mais ce chapitre – cet acte discret de dire la vérité – est souvent celui où commencent les plus grandes avancées.

Vous n'avez pas besoin de plus de travail,

mais de plus **de visibilité.**

Une fois les faits connus, vos émotions peuvent **s'apaiser**. Votre projet peut **démarrer** . Et votre foi en un avenir différent peut enfin devenir **réalité** .

💬 Écrit juste pour vous

> *« La clarté est bienveillante. La vérité ne blesse pas, elle guérit. »*

Au chapitre 12, nous verrons comment cela s'applique dans la vie réelle

📌 Résumé du chapitre : Ce que vous avez conquis

> *Lorsque vous regardez les chiffres en face, vous identifiez clairement le chemin à suivre.*

- **Le fait d'éviter accroît l'anxiété.** Affronter les faits, même s'ils sont complexes, apaise le chaos.
- **La dette n'est que des données.** La honte s'apaise quand on commence à utiliser son cerveau plutôt que sa peur.
- **L'inventaire révèle des opportunités.** On ne peut résoudre ce qu'on n'a pas identifié.
- **Suivre votre « argent restant » vous donne le contrôle.** C'est le fondement de votre stratégie.

- **La visualisation nourrit la confiance.** Une chronologie sur 12 mois aide votre cerveau à passer du désespoir à l'espoir.

✸ Prochaine étape

Vous avez posé les bases. Passons maintenant de l'apprentissage à **la pratique** .

Au chapitre 10, nous commencerons à élaborer votre stratégie d'endettement personnalisée, en utilisant la méthode « boule de neige » ou « avalanche ». Vous saurez exactement où vous concentrer en priorité et pourquoi.

Cette page est laissée vierge intentionnellement

CHAPITRE 10

Fixez vos objectifs et choisissez votre arme

Quand la clarté rencontre l'engagement

☑ 10.1– Avant de payer un centime, sachez pour quoi vous vous battez

> *« Si vous ne visez rien, vous l'atteindrez à tous les coups. » – Zig Ziglar*

✦ Sophia en avait assez de voir 5 $ par-ci, 10 $ par-là disparaître de son compte comme des fantômes. Elle avait déjà essayé de mettre de l'argent « de trop » sur sa carte de crédit, mais ça n'avait jamais marché. Elle essayait pendant un mois, puis arrêtait. Réessayait. Arrêtait.

Un jour, elle s'est assise et a écrit ceci :

« Je veux rembourser 3 000 $ en 9 mois, sans nouveau emprunt. J'utiliserai mon activité secondaire pour les paiements supplémentaires. »

Cette seule phrase ? Elle a tout changé.

C'est ce qu'on appelle un **objectif intelligent** — et c'est la différence entre un effort aléatoire et des résultats réels.

🔧 Qu'est-ce qui rend un objectif intelligent ?

- **Spécifique** – Dites *quelle* dette, *combien*, *pour combien de temps*
- **Mesurable** – Vous pouvez suivre les progrès au fil du temps
- **Réalisable** – Dans les limites de vos revenus, pas un fantasme
- **Pertinent** – Se connecte à votre vie réelle (pas au rêve de quelqu'un d'autre)
- **Temps** – A une date de début et de fin

Réécrivons l'histoire de Sophia :

❌ « Je veux me débarrasser de mes dettes cette année. »

☑ « Je rembourserai le solde de 3000 $ de ma carte de crédit en 9 mois en effectuant des paiements mensuels de 333 $ grâce à mon activité secondaire et en réduisant mes dépenses de plats à emporter. »

Quelle différence, n'est-ce pas ?

▧ Auto-évaluation : Générateur d'objectifs intelligents

Objectif : clarifier exactement ce que vous essayez de faire.

Mesures :

1. Choisissez une dette sur laquelle vous vous concentrez en premier.
2. Écrivez le solde total.
3. Choisissez un délai raisonnable.
4. Décomposez l'objectif en paiements mensuels.
5. Identifiez d'où proviendra ce paiement.

Exemple :

- Dette : prêt automobile de 1800 $
- Durée : 6 mois
- Paiement mensuel : 300 $
- Source : Reduction de frais d'abonnements + revenus des freelances

💡 *Vous avez maintenant une arme avec une cible, pas seulement une bonne intention.*

Faisons un exemple avec vos propres chiffres ici :

Choisissez une dette sur laquelle vous voulez vous concentrer en premier.	
Écrivez le solde total	
Choisissez un délai raisonnable et réaliste.	
Décomposez l'objectif en paiements mensuels (ligne 2 ci-dessus divisée par 12)	
Identifiez d'où proviendra ce paiement.	

☑ 10.2 – Boule de neige contre Avalanche : choisissez votre style d'attaque

Maintenant que vous avez listé vos dettes (chapitres précédents) et fixé un objectif, parlons **stratégie.**

Nous avons défini dans les chapitres précédents les deux célèbres méthodes de remboursement de la dette :

🔨 La méthode boule de neige

- **Commencez par** : Le plus petit solde de dette.
- **Pourquoi cela fonctionne** : vous obtenez des gains rapides qui vous maintiennent motivé.
- **Psychologie** : Renforce rapidement la confiance en soi, idéal pour un élan émotionnel.

🎯 Exemple :

Carte de crédit A : 300 $ → effectué dans 1 mois.

Carte de crédit B : 1200 $ → second objectif.

Prêt auto : 5800 $ → plus tard, mais faisable.

Chaque compte soldé vous procure un **regain d'énergie,** et c'est puissant.

🔬 La méthode Avalanche

- **Commencez par** : Le taux d'intérêt le plus élevé, quel que soit le solde.
- **Pourquoi cela fonctionne** : Vous payez moins d'intérêts total au fil du temps.

- **Psychologie** : Demande de la patience, mais permet d'économiser plus d'argent.

🎯 **Exemple :**

Carte de crédit C : 2000 $ à 27,99 % → attaqué en premier

Prêt automobile : 4000 $ à 7 % → attaqué en dernier

Si vous aimez **les mathématiques et la logique**, Avalanche est la méthode qu'il vous faut.

Si vous recherchez **des victoires émotionnelles rapides**, choisissez Boule de Neige.

🧠 10.3– Étude de cas : Laquelle a été la plus utile ?

Regardons deux amies : Janelle et Erika.

- Les deux avaient une dette totale de 5000 $.
- Les deux payaient 500 $ par mois.

Hypothèses

- Paiement mensuel : 500 $
- Détails des dettes :
    1. 1200 $ à **28,99 %**
    2. 800 $ à **24,99 %**
    3. 1400 $ à **19,99 %**
    4. 600 $ à **14,99 %**
    5. 1000 $ à **9,99 %**

Janelle veut utiliser **Avalanche**

Erika veut utiliser **Boule de Neige**

Méthode	**Mois pour terminer**	**Total payé**	**Intérêts totaux**	**Écart vs. Boule de neige**
Avalanche (taux les + élevés d'abord)	**11**	**5427,34 $**	**427,34 $**	**–126,81 $** et **1 mois plus rapide**
Boule de neige (plus petits soldes d'abord)	**12**	**5554,15 $**	**554,15 $**	—

Résultats :

- **Avalanche** termine **en 11 mois**, et coûte **427,34 $ d'intérêts.**
- **Boule de neige** termine **en 12 mois**, et coûte **554,15 $ d'intérêts.**
- Avalanche **économise ~126,81 $** et **gagne 1 mois** par rapport à Boule de neige.

Mais devinez quoi ?

Erika est restée constante et a terminé. Janelle a fait deux pauses et a failli abandonner.

La meilleure méthode ? **Celle à laquelle vous vous tiendrez.**

Réécrivez votre histoire

Si votre cerveau dit :

« Je n'ai jamais suivi un plan auparavant. Pourquoi m'embêter avec ? »

Vous dites :

> *« Je n'ai pas besoin d'être parfait, je dois juste persévérer. Chaque paiement est une preuve d'engagement. »*

La constance l'emporte toujours sur l'intensité. Ce chapitre vise à créer une **structure qui renforce votre force, et non votre honte.**

🧠 10.4 – La panique du solde bancaire minuscule– Quand faire la bonne chose *semble* mal

Parlons du choc qui survient lorsque vous **faites enfin ce qu'il faut** et que votre compte bancaire semble... effrayant.

« Pourquoi ai-je l'impression d'être toujours sans un sou, même lorsque je fais enfin ce qu'il faut ? »

Vous appliquez enfin votre plan de remboursement. Vous ne dépensez pas trop.

Vous respectez votre budget. Vous avez remboursé votre dette supplémentaire.

Vous avez :

- Sauté les plats à emporter.
- Dit non aux dépenses excessives.

Mais ensuite, vous ouvrez votre application bancaire...

et voyez **24,79 $.**

Panique instantanée.

On commence à penser à des choses comme :

- *« Ce n'est pas possible. »*
- *« J'ai besoin d'un coussin ! »*
- *« Je n'aurais peut-être pas dû payer plus cher ce mois-ci... »*
- *« Est-ce que je viens de faire une erreur ? »*
- *« Et si quelque chose arrive ? »*
- *« Je ne me sens pas en sécurité... »*

Cette peur ? Elle est réelle. Et **normale** .

Vous n'êtes pas seul.

🧠 Pourquoi nous paniquons lorsqu'un solde bancaire est bas (même lorsque c'est planifié)

En tant qu'êtres humains, nous sommes programmés pour **nous sentir en sécurité lorsque nous pouvons voir nos ressources**.

Un réfrigérateur plein. Un réservoir d'essence plein. Un compte en banque plein.

C'est une **forme de contrôle visuel**.

Ainsi, lorsque votre compte courant baisse, même pour une bonne raison, votre cerveau l'interprète parfois comme **un danger** et non comme un progrès.

Cela est particulièrement vrai si vous :

- Avez grandi dans l'instabilité financière
- Êtes le principal pourvoyeur de votre famille?

- Avez déjà vécu une expérience où « l'argent disparaissait du jour au lendemain »

Il s'agit d'une réaction à un traumatisme, pas d'une erreur financière.

Une balance bancaire faible déclenche le centre nerveux de votre cerveau.

Mais ce n'est pas une menace, c'est une **stratégie en action**.

Et c'est bien ainsi.

🔄 Réécrivez votre histoire

Dites-vous :

> *« Ce malaise est synonyme de croissance. Je n'échoue pas. J'investis dans la liberté. »*

> *« Mon compte bancaire est peut-être bas, mais mon objectif est atteint. »*

C'est normal de se sentir mal à l'aise. Mais ne minimisez pas vos progrès pour apaiser une fausse alerte.

⊛ Le changement d'état d'esprit : le progrès n'est pas toujours confortable

Voici la vérité dont vous devez vous rappeler, quotidiennement si nécessaire :

Un solde bancaire faible fait parfois partie du plan.

Cela ne signifie pas que vous échouez, mais que vous *réorientez votre argent là où il compte.*

Lorsque vous remboursez vos dettes de manière agressive, votre compte **sera à court d'argent** pendant quelques semaines ou quelques mois.

Ce n'est pas éternel. C'est **une situation temporaire**.

C'est comme aller à la salle de sport : vos muscles deviennent douloureux avant de devenir plus forts.

De même, vos finances semblent « à l'étroit » avant d'être *libérées*.

✨ Répétez après moi :

✦ « Ce faible solde bancaire n'est pas une crise. C'est la preuve que je suis en train de changer ma vie. »

✦ « Je ne suis pas vidé de tous mes sou, je construis. »

✦ « Chaque dollar dépensé a remboursé ma dette. Cet argent travaille pour moi. »

✦ « Ce sentiment est passager. La liberté arrive. »

💡 Ne déplacez pas la honte

Certains d'entre nous sont tellement habitués à ressentir de la honte à propos de leurs dettes qu'ils déplacent simplement cette honte vers autre chose :

- « Maintenant, je me sens mal de ne pas avoir d'économies. »
- « Je me sens vulnérable avec seulement 50 $ sur mon compte en banque. »

Mais devinez quoi ? Ce **n'est pas productif.**

Vous faites déjà le plus dur. Ne vous punissez pas en le faisant.

Suivez plutôt le montant de vos dettes remboursées ce mois-ci.

Concentrez-vous sur ce chiffre, et non sur la baisse temporaire de votre compte bancaire.

C'est là votre véritable progrès.

☑ **Conseil stratégique :**

Si cela apaise votre anxiété, conservez une **petite réserve d'urgence** (100 à 250 $) et allez-y à fond dans l'annulation de vos dettes. Cela apaisera votre esprit pendant que votre argent travaille.

🧾 SOLDE BANCAIRE FAIBLE ≠ ÉCHEC

Un doux rappel pour savoir quand vous faites la bonne chose

💡 **Ce n'est pas une crise.**

Votre solde bancaire faible n'est pas un signe d'échec.

C'est la preuve que vous avancez enfin.

💪 **Vous n'êtes pas ruiné, vous construisez.**

✔ Vous avez effectué vos paiements de dettes.

✔ Vous avez payé vos factures à temps.

✔ Vous avez suivi votre plan.

✔ Vous n'avez pas gaspillé.

✔ Vous avez le contrôle.

🧠 Calmez-vous, pas de panique.

Votre cerveau recherche un « coussin » pour se sentir en sécurité.

Mais aujourd'hui, votre sécurité demeure dans la **discipline**, pas dans les chiffres.

🧭 Souvenez-vous de ça :

✔ Vous pouvez reconstituer votre épargne, sans dette.

✔ C'est temporaire.

✔ La honte n'aide pas. La stratégie, aide.

☑ CONSEIL : Paix + Progrès = Pouvoir.

💬 Écrit juste pour vous

> *« Vous n'êtes pas ruiné, vous construisez. Votre solde est bas parce que vos priorités sont élevées. »*

📌 Résumé du chapitre : Ce que vous avez conquis

La stratégie tue le chaos. La clarté tue la peur.

- **Les objectifs intelligents transforment l'espoir en action.** N'improvisez pas, notez-les.

- **Boule de neige = gains rapides. Avalanche = économies importantes.** Choisissez ce qui correspond à votre réalité émotionnelle et financière.
- **La panique est normale, mais ce n'est pas la preuve que vous échouez.** Votre faible solde est temporaire. Votre liberté arrive.
- **Le recalibrage exige de la répétition.** Continuez à parler avec pouvoir face à la panique.
- **Ce n'est pas une question de volonté, c'est une question de structure.** Quand votre système est solide, vous n'avez pas besoin de l'être.

✸ Prochaine étape

Prêt à tester votre stratégie ?

Découvrons votre style, vos pièges et comment rester sur la bonne voie sur le long terme.

Cette page est laissée vierge intentionnellement

CHAPITRE 11

Personnalisez votre plan

Définissez votre plan d'attaque

Il n'existe pas de solution universelle à la liberté. Mais une vérité s'impose : votre plan doit vous ressembler, sinon vous ne le suivrez pas.

☑ 11.1 – La semaine où Lionel a pris le contrôle

Lionel avait l'impression que son chèque de paie était déjà parti avant même d'arriver à la banque.

Loyer, nourriture, paiements minimums. Plus rien. Toujours en retard.

Jusqu'à ce qu'un vendredi soir, quelque chose a changé.

Au lieu de consulter son téléphone, il s'est assis avec un carnet. Il a écrit :

- Combien d'argent est rentré chaque semaine
- Quelles factures arrivent et quand
- Combien restait-il après les dépenses

Il s'est rendu compte qu'il pouvait prendre 60 $ cette semaine et rembourser une partie d'une carte de crédit à taux d'intérêt élevé.

Il l'a refait la semaine prochaine.

Il a commencé à gagner chaque semaine.

Maintenant, Lionel ne fait plus de budget mensuel : il gère sa trésorerie **chaque semaine**.

Et c'est pour ça qu'il n'est plus coincé.

🔍 La puissance du suivi hebdomadaire des flux de trésorerie

Si vous avez établi un budget mensuel et que vous êtes toujours en retard, il est temps de vous concentrer sur ce sujet.

La planification hebdomadaire vous offre un contrôle en temps réel. La planification mensuelle vous donne une stratégie.

Voici comment cela fonctionne :

1. **Chaque vendredi ou dimanche,** dressez la liste de vos revenus et de vos factures dues dans les 7 prochains jours.
2. Notez ce qui est fixe (comme le loyer) par rapport à ce qui est flexible (comme les plats à emporter).
3. Identifiez tout montant supplémentaire que vous pouvez consacrer à votre dette **cette semaine.**
4. Répétez, ajustez et gagnez à nouveau.

Lorsque vous considérez chaque semaine comme une opportunité de progresser, votre élan se construit plus rapidement.

📋 Feuille de travail de surveillance hebdomadaire

Semaine du : ____________________

Catégorie	Prévu ($)	Réel ($)	Différence ($)	Notes / Ajustements
Revenu (net, activité secondaire)	______	______	______	______________
Dépenses fixes (loyer, charges, assurances)	______	______	______	______________
Dépenses variables (épicerie, essence, repas)	______	______	______	______________
Paiements de dettes (minimums + extra)	______	______	______	______________
Épargne (fonds d'urgence, fonds d'amortissement)	______	______	______	______________
Flux de trésorerie hebdomadaire total	______	______	______	______________

☑ Révision hebdomadaire et étapes importantes

Jour	Top 1 des gains en argent	Baisse/Défi	Étape suivante / Correction
Lundi	______________	______________	______________
Mardi	______________	______________	______________
Mercredi	______________	______________	______________
Jeudi	______________	______________	______________
Vendredi	______________	______________	______________
Samedi	______________	______________	______________
Dimanche	______________	______________	______________

Comment remplir le tableau ci-dessus :

- **Section supérieure** = les chiffres (flux de trésorerie prévus par rapport aux flux de trésorerie réels, comme un tableau de bord).
- **Section inférieure** = réflexion (victoires quotidiennes + correctifs), qui maintient la motivation vivante.

🧠 Pourquoi vous devez inclure l'épargne dans le remboursement de vos dettes

Cela peut paraître étrange : pourquoi épargner quand on rembourse une dette ?

Parce que des urgences **surviendront.**

Si chaque dollar supplémentaire est consacré à l'endettement sans aucune marge de manœuvre, alors un trou = retour à la carte de crédit.

Nous l'appelons le **Fonds de Sécurité de 500 $** .

Constituez-le lentement. Même 10 $ par semaine. Gardez-le à part. Utilisez-le *uniquement* en cas de besoin.

> 💡 *« Épargner, c'est la paix. Être libéré de ses dettes, c'est le pouvoir. Vous méritez les deux. »*

☑ 11.2 – Réflexion mensuelle = Votre partenaire de responsabilité

« Ce qui est examiné produit des résultats. »

À la fin de chaque mois, demandez :

- Qu'est-ce qui s'est bien passé ?
- Qu'est-ce qui m'a pris au dépourvu ?
- Qu'ai-je payé en acompte ?
- Qu'est-ce que j'ai dépensé de trop ?

Il ne s'agit pas de vous faire avoir honte, mais de renforcer votre prochaine action.

Utilisez vos chiffres comme un retour d'information, pas comme un jugement.

🗒 Feuille de réflexion de fin de mois

Mois: ______________________________________

Sujet de réflexion	Vos notes
☑ Qu'est-ce qui s'est bien passé ?	______________________________
⚠ Qu'est-ce qui m'a pris au dépourvu ?	______________________________
💳 Qu'ai-je payé en acompte ?	______________________________
💸 Sur quoi ai-je trop dépensé ?	______________________________

🔧 Votre plan d'action mensuel [exemple]

Utilisez cette structure chaque semaine ou chaque mois pour suivre et ajuster :

Section	Exemple
Revenu	3200 $
Dépenses	2400 $
Paiement de la dette	400 $
Économies ajoutées	100 $
Passer à la suivante	300 $
Notes	« Supprimer les commandes en ligne… ça a marché »

Cette feuille de travail devient votre journal de bataille. Imprimez-la. Enregistrez-la. Mettez-la à jour.

🧠 Étude de cas : cibler judicieusement les intérêts

✦Aperçu financier de Lisa

Revenus et dépenses

Article	Montant mensuel
Revenu net	**3 200 $**
Frais fixes (loyer 1 200 $, services publics 250 $, assurance 200 $, transport 250 $)	**1 900 $**
Dépenses variables (épicerie 400 $, téléphone 100 $, divers 150 $)	**650 $**
Total des frais de subsistance	**2 550 $**
Flux de trésorerie disponibles pour la dette	**650 $**

Liste des dettes

Dette	Dette	Intérêt Annuel	APY (effectif)	Formule d'intérêt quotidien	Intérêt quotidien approximatif
Carte de crédit	6 000 $	27,99%	31,97%	6 000 × (0,2799 ÷ 365)	**4,60 $/jour ≈ 138 $/mois**
Prêt personnel	9 500 $	8,5%	8,85%	9 500 × (0,085 ÷ 365)	**2,22 $/jour ≈ 68 $/mois**

💡 Habitude de paiement initiale

Lisa partageait son **budget de dette de 650 $ par mois** de manière égale :

- **325 $ → Carte de crédit**
- **325 $ → Prêt**

☞ Cela lui donnait le sentiment d'être « juste », mais c'était mathématiquement douloureux : le taux d'intérêt annuel plus élevé de la carte signifiait qu'elle perdait de l'argent plus rapidement qu'elle ne réduisait le capital.

🔄 Réalisation : Suivi des intérêts quotidiens

Quand Lisa a commencé à enregistrer les intérêts :

- La **carte de crédit à elle seule ajoutait 138 $ par mois** en nouveaux frais.
- Le **prêt n'a augmenté que de 68 $ par mois** .
- Elle a réalisé que ses « paiements égaux » favorisaient en réalité le prêt le moins cher au détriment de la dette la plus coûteuse.

🚀 Stratégie restructurée (style Avalanche)

- Elle est passée au paiement **du minimum du prêt** (150 $/ mois).
- Tous les flux de trésorerie restants (**500 $/ mois**) ont été versés sur la carte de crédit.
- **Résultat:**
    - Carte de crédit effacée en **4 mois** .
    - Elle a ensuite réaffecté la **totalité des 650 $ par mois** au prêt.

📊 Chronologie

Phase	Focus sur la dette	Paiement mensuel	Mois	Intérêts payés
1	Carte de crédit (6 000 $)	500 $ (min + extra)	4	≈ 400 $
2	Prêt personnel (9 500 $)	650 $	~15	≈ 1 000 $
Total	**15 500 $ → 0 $**	—	**19 mois**	**≈ 1 400 $**

☑ **Leçon clé :** Lisa a cessé de « fractionner les paiements » et a préféré éliminer **d'abord l'argent le plus cher** . Avalanche lui a permis d'économiser des milliers de dollars d'intérêts potentiels et de la libérer en moins de deux ans.

> 💡 *Stratégie : Éliminez d'abord l'argent le plus cher, même s'il ne s'agit pas du solde le plus important « Style Avalanche »*

🔍 Intérêts quotidiens et intérêts amortis : explication

Les cartes de crédit et les lignes de crédit facturent **des intérêts quotidiens** : votre solde augmente chaque jour qu'il reste impayé.

Les prêts et les hypothèques utilisent souvent **des intérêts amortis** : la structure cache le montant qui sera consacré aux intérêts au départ.

C'est pourquoi les remboursements anticipés du prêt touchent à peine le capital.

Les intérêts quotidiens vous épuisent silencieusement. Les intérêts amortis vous épuisent lentement. Mais avec de la discipline, on peut les maîtriser.

📋 Intérêts quotidiens vs. Intérêts amortis – Exemple concret

Fonctionnalité	Carte de crédit (intérêt quotidien)	Prêt étudiant (intérêts amortis)
Exemple de solde	2800 $	9000 $
Intérêt Annuel	25,99%	6,5%
Comment les intérêts sont calculés	Facturé **quotidiennement** sur le solde impayé : 2800 $ × (0,2599 ÷ 365) ≈ **1,99 $/jour**	Intégré dans des paiements mensuels fixes ; les intérêts sont facturés en avance au cours des premiers mois
Coût d'intérêt mensuel	~60 $ (si aucun paiement n'est effectué)	~49 $ (premier mois d'un terme de 10 ans)
Que se passe-t-il si vous ne payez que le minimum	Le solde diminue très lentement ; les intérêts continuent de s'accumuler quotidiennement	Le paiement reste le même, mais la majeure partie est consacrée aux intérêts au début
Effet sur le principal	Très peu de réduction sauf si vous payez plus que le minimum	La réduction du capital ne s'accélère que dans les années ultérieures
Piège psychologique	« Ce n'est que quelques dollars par jour » → s'additionne silencieusement	« Je paie tous les mois » → mais les paiements anticipés touchent à peine le solde
Meilleur hack	Remboursez agressivement ou passez à une carte à 0 % taux d'intérêt annuel pendant 15 a 18 mois	Ajoutez un supplément au capital chaque mois pour réduire le montant du prêt de plusieurs années.

« Les cartes de crédit vous saignent quotidiennement, les prêts vous saignent lentement »

🛠 Quand utiliser une ligne de crédit (sans se ruiner)

Mal utilisée, une ligne de crédit est un piège.

Utilisée à bon escient, c'est un outil.

Franck a utilisé une ligne de crédit personnelle de 3000 $ à 11,5 % pour rembourser une carte de crédit à 28,5 %.

Il a transféré le solde de la carte de crédit à la ligne de crédit, économisant ainsi 510 $ par an en intérêts.

Mais voici ce qu'il **a bien fait** :

- Il avait un plan de paiement pour le rembourser en 6 mois.
- Il *a arrêté* d'utiliser l'ancienne carte de crédit.
- Il a mis en place **le paiement automatique** pour ne jamais manquer une date d'échéance.

C'est ainsi qu'une ligne de crédit devient une épée, et non une chaîne.

📋 Quand utiliser judicieusement une ligne de crédit (LC)

Scénario	Mauvaise utilisation (piège)	Utilisation intelligente (l'exemple de Franck)
Début de la dette	Maintient le solde d'une carte de crédit à taux d'intérêt élevé (28,5 %)	Transfère un solde de 3000 $ à la ligne de crédit à 11,5 %
Coût des intérêts	~855 $/an (28,5 % de 3000 $)	~345 $/an (11,5 % de 3000 $) → **510 $ économisés/an**
Plan	Aucun plan de remboursement structuré ; paie uniquement les minimums	Plan de remboursement clair sur 6 mois avec des mensualités fixes
Ancienne carte de crédit	Continue à l'utiliser, accumule encore plus de dettes	Arrête complètement de l'utiliser

Paiements	Souvent manuel et incohérent ; risque de paiements manqués	Paiement automatique configuré pour couvrir la LC chaque mois
Résultat	La dette fait s'accumule, les intérêts augmentent plus vite	La dette est réduite plus rapidement, les intérêts payés sont moindres
Métaphore	Une chaîne qui vous piège	Une épée qui coupe la dette

☑ **La LC en elle-même n'est ni bonne ni mauvaise** : cela dépend du comportement et du plan.

🔄 Réécrivez votre histoire

« Je n'ai jamais respecté un plan. À chaque fois que j'essaie, je me retrouve à la traîne. »

Vous dites :

> *« Ce plan m'appartient. Je ne devine plus, je choisis. Et quand je choisis, je gagne. »*

On abandonne souvent parce qu'on copie le système de quelqu'un d'autre.

Cette fois, vous en construisez un qui correspond à votre vie, à vos habitudes, à votre rythme.

C'est pourquoi cela fonctionnera.

💬 Écrit juste pour vous

> *« La discipline n'est pas une punition. C'est la liberté au-delà de l'inconfort. »*

📌 Résumé du chapitre : Ce que vous avez conquis

> *Le progrès ne vient pas de la perfection. Il vient d'un plan qui vous ressemble.*

- **Flux de trésorerie hebdomadaire = contrôle quotidien.** N'attendez plus la fin du mois.
- **L'épargne d'urgence est importante, même pour rembourser ses dettes.** Ne vous découragez pas en cas de crise.
- **L'intérêt est le véritable ennemi.** Connaissez vos dépenses quotidiennes et ciblez-les avec efficacité.
- **Une ligne de crédit est un outil, pas un jouet.** Planifiez son utilisation, sinon vous en perdrez les avantages.
- **La réflexion stratégique n'est pas une forme de culpabilité, mais une orientation.** Revenez sur votre passé pour ajuster votre trajectoire.

✷ Prochaine étape

Dans le chapitre 12, nous examinons de près **les urgences, le sabotage et comment garder son calme face au chaos.** Car soyons réalistes : la vie est faite de tout. Mais cette fois, vous serez prêt.

Cette page est laissée vierge intentionnellement

CHAPITRE 12

Un exemple de procédure pas à pas

Le chemin d'une famille, de l'enterrement à la liberté

> *« Parfois, il faut le voir pour le croire. Ce chapitre en est la preuve. »*

☑ 12.1 – De coincé à stratégique : Rencontrez Carla et David

✦ Carla et David formaient un couple ordinaire vivant en Floride. Tous deux travaillaient à temps plein. Ils n'étaient pas ruinés, mais ils étaient **fatigués** : fatigués de jongler avec les factures, fatigués de voir leurs soldes de cartes de crédit stagner, fatigués de parler de leurs dettes sans jamais progresser réellement.

🔧 Leur plan de match mensuel ressemblait à ceci :

- Revenu total : 6200 $/mois
- Dépenses fixes : 3700 $ (incluant le loyer, les services publics, l'essence, la nourriture et l'assurance)

- Économies d'urgence : 100 $/mois
- Paiement de dette : 678,05 $
- Flux de trésorerie : 1721,95 $

Voici comment nous avons trouvé le « flux de trésorerie » de 1721,95 $

Étape 1 — Commencez avec un revenu total

de 6200,00 $

Étape 2 — Soustrayez les dépenses fixes

6200 $ - 3700 $ = 2500,00 $

Étape 3 — Soustrayez les économies d'urgence

2500 $ - 100 $ = 2400,00 $

Étape 4 — Soustrayez les paiements de dette

2400 $ - 678,05 $ = **1721,95 $**

☑ **Votre flux de trésorerie est de 1721,95 $.**

Il vous reste **1721,95 $** après avoir couvert les dépenses, les économies et les paiements de dettes.

> *« Avant, on avait l'impression de ne plus pouvoir respirer. Mais après un mois de travail avec Shopunlocked, on a vu la lumière. »*
>
> *✦Carla*

Leur dette totale était de 33000 $:

- Cartes de crédit : 9000 $ à 26,99 %
- Prêt automobile : 12000 $ à 8,5 %

- Prêt personnel : 7000 $ à 10,9 %
- Carte de magasin : 5000 $ à 28,99 %

Paiements mensuels totaux minimums : **678,05 $ (colonne 2 ci-dessous)**

Dette	**Paiement minimum**	**Intérêt Annuel**	**Mois pour rembourser**	**Intérêts payés**
Carte de crédit A	180,00 $	26,99	20 ans +	Plus de 10000
Prêt automobile	246,20 $	8,5	60	2771,90 $
Prêt personnel	151,85 $	10,9	60	2110,89 $
Carte de magasin	100,00 $	28,99	20 ans +	Plus de 10000
Total	**678,05 $**			

Selon les calendriers de leurs prêteurs, ils seraient endettés pendant **au moins 5 ans sur les prêts et plus de 20 ans sur les cartes de crédit,** et paieraient **des milliers d'intérêts** .

Ils ne savaient pas par où commencer.

Jusqu'à ce qu'ils s'assoient, fassent le point et disent :

« C'est fini maintenant. Nous sommes fatigués, mais nous ne sommes pas impuissants. »

🔍 12.2– La première étape : cartographier le terrain

Ils ont fait ce que ce livre vous apprend à faire :

1. Énumérez toutes les dettes : solde, taux d'intérêt, paiement minimum

Dette	Paiement minimum	Intérêt Annuel
Carte de crédit A	180,00 $	26,99
Prêt automobile	246,20 $	8,5
Prêt personnel	151,85 $	10,9
Carte de magasin	100,00 $	28,99

2. Triez-les par **taux d'intérêt** (ils ont choisi la méthode Avalanche)

Dette	Paiement minimum	Intérêt Annuel
Carte de magasin	100,00 $	28,99
Carte de crédit A	180,00 $	26,99
Prêt personnel	151,85 $	10,9
Prêt automobile	246,20 $	8,5

Créez une feuille de calcul pour suivre les paiements

3. Utilisez **les flux de trésorerie** pour budgétiser davantage en vue de rembourser les dettes à taux d'intérêt les plus élevés

Dette 1 : Carte de magasin

Nous utilisons la méthode de l'avalanche et nous appliquons **la totalité de votre flux de trésorerie de 1721,95 $** à la **carte de magasin (5 000 $ à 28,99 %)** en plus de son paiement minimum (100 $) :

Résultats

- **Mois pour rembourser :** 3 mois
- **Total des intérêts payés :** 238,09 $

Tableau des gains (premier et dernier mois)

Mois	Paiement	Intérêt	Principal	Solde restant
1	1 821,95 $	120,79 $	1 701,16 $	3 298,84 $
2	1 821,95 $	79,69 $	1 742,26 $	1 556,59 $
3	1 594,19 $	37,60 $	1 556,59 $	0,00 $

Après la première dette, vous pourriez rediriger les 1821,95 $ libérés + le paiement minimum de la prochaine dette vers votre prochaine dette a taux d'intérêt annuel le plus élevé pour maintenir l'avalanche.

Montant libéré : 1721,95 $ de flux de trésorerie + 100 $ qui constituaient auparavant le paiement minimum sur la carte Store

Paiement minimum sur la dette n° 2 (carte de crédit A): 180 $

Dette 2 : Carte de crédit A

Une fois la carte de magasin payée, le paiement sur **la carte de crédit A** doit être :

1721,95 $ (flux de trésorerie) + 100 $ (minimum de carte de magasin libérée) + 180 $ (minimum de carte CC A) = **2 001,95 $/mois.**

Remarque rapide – Gardez à l'esprit – mais ne vous inquiétez pas – ceci est valable pour chaque dette que vous payez « minimum seulement » : supposons que vous ayez passé les **3 premiers mois** à liquider votre carte de magasin tout en payant un minimum de **180 $ dû sur la carte de crédit A à un taux d'intérêt annuel de 26,99 %** ; les intérêts mensuels sur 9 000 $ s'élèvent à environ **202,42 $** , soit **plus de 180 $** , de sorte que le solde augmente légèrement, car vous continuez à payer uniquement le minimum. Ne vous inquiétez pas, ce n'est que temporaire. *Par souci de simplicité, nous conserverons les minimums fixes (voir section ci-dessus, tableau 12.2).*

Attaquons-nous à la carte de crédit A (2 001,95 $/ mois)

Mois	Paiement	Intérêt	Principal	Restant
1	2 001,95	203,97	1 797,98	7 270,82
2	2 001,95	163,53	1 838,42	5 432,40
3	2 001,95	122.18	1 879,77	3 552,64
4	2 001,95	79,90	1 922,05	1 630,59
5	1 667,27	36,67	1 630,59	0,00

Intérêts : 606,25 $

Total:

- **Mois :** 8 (3 mois minimum seulement + 5 avalanche)

Dette n° 3 : Prêt personnel

Pour **un prêt personnel (7 000 $ à 10,9 %)** en utilisant la méthode avalanche :

- **Paiement minimum :** 151,85 $ (basé sur un amortissement de 5 ans)
- **Paiement Avalanche** après remboursement de la carte de magasin et de la carte de crédit A : 2153,80 $/mois
- **Mois pour rembourser :** 4 mois

- **Total des intérêts payés :** 139,73 $

Tableau des gains

Mois	Paiement	Intérêt	Principal	Solde restant
1	2 153,80	63,58 $	2090,21 $	4 909,79 $
2	2 153,80	44,60 $	2 109,20 $	2800,58 $
3	2 153,80	25,44 $	2 128,36 $	672,22 $
4	678,33 $	6,11 $	672,22 $	0,00 $

Après cela, la totalité de votre paiement **de 2153,80 $** (2153,80 $ + paiement minimum sur le prêt personnel remboursé de 151,85 $) peut être intégrée à la dette finale — le prêt automobile.

Dette n° 4 : Prêt automobile

Pour un prêt automobile (12 000 $ à 8,5 %) dans le cadre du plan avalanche :

- Paiement minimum : 246,20 $ (amortissement sur 5 ans)
- Paiement avalanche après remboursement de la carte de magasin, de la carte de crédit A et du prêt personnel : 2400,00 $/mois
- Mois pour rembourser : 6 mois
- Total des intérêts payés : 261,70 $

Tableau des gains

Mois	Paiement	Intérêt	Principal	Solde restant
1	2400,00 $	85,00 $	2 315,00 $	9685,00 $
2	2400,00 $	68,60 $	2 331,39 $	7 353,61 $

Mois	Paiement	Intérêt	Principal	Solde restant
3	2400,00 $	52,09 $	2347,91 $	5005,70 $
4	2400,00 $	35,46 $	2364,54 $	2641,16 $
5	2400,00 $	18,71 $	2381,29 $	259,87 $
6	261,71 $	1,84 $	259,87 $	0,00 $

Résumé des gains

Dette	Mois à 0 $	Total des intérêts payés
Carte de magasin (5000 $ à 28,99 %)	3	238,09 $
Carte de crédit A (9000 $ à 26,99 %)	8*	1215,07 $
Prêt personnel (7000 $ à 10,9 %)	4	139,73 $
Prêt automobile (12000 $ à 8,5 %)	6	261,70 $
TOTAL	**21 mois**	**1854,59 $**

**Comprend 3 mois de paiements minimums uniquement pendant que la carte du magasin était en cours de compensation, plus 5 mois d'avalanche.*

Carla et David ont finalement compris qu'ils pouvaient régler leurs dettes en 21 mois, contre 5 à 20 ans et plus, prévus par les prêteurs ! Il leur suffisait de tout mettre à l'écrit, d'établir un plan et de le suivre avec une discipline stricte.

12.3- Élimination de la dette en action – Processus étape par étape

Voici les « règles du jeu 1 » de base :

- Les jours de paie sont, par exemple, mensuels. Vous pouvez adapter et utiliser des chiffres hebdomadaires ou bimensuels.

- Nous utilisons la méthode AVALANCHE
- Nous utilisons une carte de crédit à 0% d'intérêt comme OUTIL
- Votre numéro de compte courant est le #12345

Prérequis n° 1 du jeu 1 : vous avez besoin d'un compte courant supplémentaire, en plus de celui qui reçoit votre salaire. Comparez les offres et choisissez un compte courant sans frais mensuels (ou a frais très bas) et sans limite de solde minimum. Moins il vous en coûtera pour maintenir ce compte en règle, mieux ce sera.

Pour les besoins de cet exemple, donnons à votre deuxième compte courant le numéro #67890

Prérequis n° 2 du jeu 1 : Demandez une carte de crédit à 0 % d'intérêt. Une fois cette carte reçue, vous y transférerez vos dettes ! Dans l'exemple ci-dessus, nous avons choisi la méthode « Avalanche », ce qui signifie que vous transférerez d'abord la dette au taux d'intérêt annuel le plus élevé sur la carte de crédit à 0 % d'intérêt.

Si la limite de votre carte de crédit à 0 % d'intérêt ne suffit pas à couvrir toutes vos dettes, nous procéderons étape par étape : transférez le montant maximum possible. Continuez à effectuer les paiements minimums sur le reste, jusqu'à ce que votre limite de crédit sur votre carte de crédit à 0 % d'intérêt soit suffisante pour couvrir vos autres dettes.

Utilisons ces chiffres comme illustration pour le jeu 1 :

Compte de dette	Solde de départ	Intérêt Annuel %	Paiement minimum
Carte de magasin	4000 $	29,99	120
Prêt personnel	6000 $	18	180
Prêt automobile	9000 $	8	250
Prêt étudiant	2500 $	5.5	100
Total	**21 500 $**		**650 $**

La carte de magasin sera dans l'exemple ci-dessus le premier montant à transférer sur la carte de crédit à 0 % d'intérêt.

Remarque : Transférer une dette d'une carte à une autre coûte entre 3 % et 5 %, mais avec la stratégie d'élimination de la dette que nous appliquons, cela ne nuit pas à votre plan.

Voici la procédure pas à pas pour utiliser votre chèque de paie :

Section 1 : Notons les informations de bases

Étape 1 : Le jour de la paie, votre salaire est versé directement sur votre compte courant n° 12345 ou on vous le remet sous forme de chèque (par exemple, 3 500 $). Vous déposez le chèque sur le compte n° 12345.

Revenu mensuel (net)
3500

Étape 1.1 : Quelle est votre liste de dépenses ?

- Quel est le montant total des dépenses que vous pouvez payer avec une carte de crédit ? (par exemple, 800 $).
- Quel est le montant total des dépenses qui doivent être payées en ESPÈCES ou par virement bancaire ? (par exemple, 2000 $).

Résumé

Colonne 1	Colonne 2	Colonne 3
Dépenses mensuelles totales	**Dépenses en espèces uniquement**	**Dépenses admissibles sur carte**
2800	2000	800

Détail colonne 2

Dépenses (en espèces uniquement)	Montant mensuel
Louer	1200
Services publics (espèces/ACH uniquement)	150
Carte de magasin ou carte de crédit - Paiement minimum (espèces/ACH)	120
Prêt personnel - Paiement minimum (espèces/ ACH)	180
Prêt automobile - Paiement minimum (ACH)	250
Prêt étudiant - Paiement minimum (ACH)	100
Total des dépenses en ESPÈCES UNIQUEMENT	**2000**

Détail colonne 3

Dépenses (éligibles aux outils)	**Montant mensuel**
Épiceries	400
Gaz/Transport	180
Assurance (permet la carte)	120
Téléphone	60
Abonnements	40
Total des dépenses pouvant être payées avec une CARTE	**800**

Étape 1.2 : Quel est votre flux de trésorerie ?

Formule pour connaître votre trésorerie :

Tous les revenus - Toutes les dépenses = Flux de trésorerie (par exemple, 700 $).

Revenu mensuel (net)	**Dépenses mensuelles totales**	***Dépenses en espèces uniquement***	***Dépenses admissibles au crédit***	**Flux de trésorerie disponible mensuel**
3500	2800	*2000*	*800*	700

Section 2 : Choisir un outil

Par exemple, nous choisirons une carte de crédit à 0% d'intérêt (voir ci-dessus **les règles du jeu 1**)

Voici comment nous utiliserons cet outil :

Étape 2.1 : Après avoir déposé votre chèque de paie sur le compte courant n° 12345

Transférez le montant total des dépenses en ESPÈCES UNIQUEMENT sur le compte courant n° 67890 (par exemple, 2 000 $).

Conseil : Les virements d'un compte à un autre au sein d'une même banque sont généralement GRATUITS. Si vos comptes ne sont pas dans la même banque et que des frais sont appliqués, il vous suffit de faire un chèque du compte n° 12345 et de le déposer sur le compte n° 67890. La transaction sera GRATUITE.

Après cette transaction, voici à quoi ressembleront vos comptes :

Transaction	Compte n° 67890	Compte n° 12345
Revenus reçus	Transfert depuis #12345	Que reste-t-il après le transfert
3 500	2 000	1 500

Étape 2.2 : Payons intelligemment

Payez les factures en ESPÈCES UNIQUEMENT à partir du compte n° 67890

*Les factures en ESPÈCES UNIQUEMENT signifient toutes les factures + tous **les minimums de dette** qui n'acceptent pas le paiement par carte.*

(Voir la colonne de détails 2 ci-dessus)

Vous pouvez régler toutes ces factures à la même date ou les régler une par une à une date proche de leur échéance (2 à 3 jours avant). Soyez très attentif à l'impact de vos paiements sur votre cote de crédit.

Dépenses (en espèces uniquement)	Montant mensuel
Louer	1200
Services publics (espèces/ACH uniquement)	150
Carte de magasin - Paiement minimum (espèces/ACH)	120
Prêt personnel - Paiement minimum (espèces/ACH)	180
Prêt automobile - Paiement minimum (ACH)	250
Prêt étudiant - Paiement minimum (ACH)	100
	2000

Étape 2.3 : Paiement stratégique

2.3.1 : Après avoir mis de côté le montant exclusivement réservé aux dépenses en espèces uniquement, le montant restant sur le compte courant initial #12345 sera désormais déposé dans notre outil d'élimination de dettes, notre carte de crédit à 0% d'intérêt « **L'Outil** » .

En utilisant notre exemple, 800 $ seront appliqués comme paiement sur la carte de crédit à 0 % d'intérêt pour payer les dettes qui peuvent être payées avec une carte de crédit.

Dépenses (éligibles aux outils)	Montant mensuel
Épiceries	400
Gaz/Transport	180
Assurance (permet la carte)	120
Téléphone	60
Abonnements	40
	800

Utilisez la carte de crédit à 0 % d'intérêt « **L'outil** » pour payer toutes les dépenses que vous avez indiquées tels que (épicerie, essence, etc. ... voir les détails ci-dessus, **colonne 3**).

2.3.2 : Le compte courant n°12345 n'aura désormais que le solde du flux de trésorerie (par exemple, 700 $)

Rappelez-vous que dans l'exemple - Étape 1.2 ci-dessus (Flux de trésorerie), lorsque vos revenus entrent et que vos dépenses totales sortent, le « surplus » restant est le « flux de trésorerie ».

Scénario 1 : Avec l'ancienne méthode, ce flux de trésorerie finissait par apparaître sur votre compte courant et pouvait être perçu comme de l'argent « extra ». Vous pourriez alors avoir tendance à l'utiliser pour des achats inutiles ou à le placer sur un compte d'épargne à faible taux d'intérêt ; vous savez maintenant de quoi il en est !

Scénario 2 : En utilisant notre stratégie actuelle, ce **flux de trésorerie** « supplémentaire » (par exemple, 700 $) devient automatiquement un **paiement supplémentaire,** qui vous permettra de vous libérer de vos dettes plus rapidement.

- Option 1 du scénario 2 – Prérequis 2 ci-dessus – Nous avons choisi la méthode Avalanche pour rembourser notre dette. Si le montant total de la carte à taux d'intérêt le plus élevé a été transféré sur la carte de crédit à taux d'intérêt 0 % que nous utilisons comme « outil », le solde restant sur le compte peut être déposé directement sur la carte de crédit à taux d'intérêt 0 % (notre outil).
- Option 2 du scénario 2 – Prérequis 2 ci-dessus – Nous avons choisi la méthode Avalanche pour rembourser notre dette. Si le montant de la carte

au taux d'intérêt le plus élevé n'a pas été transféré sur la carte de crédit à 0 %, vous devrez émettre un chèque à partir du compte courant n° 12345 et effectuer un paiement supplémentaire sur la carte de crédit au taux d'intérêt le plus élevé (méthode Avalanche).

Notes et conseils :

- Si votre outil (carte a 0%, LC etc) ne permet pas de payer certaines dettes directement, envoyez le **surplus** au compte courant et payez le prêteur via ACH ou par chèque le jour même.
- Si votre émetteur n'autorise pas les paiements supplémentaires (soldes créditeurs), transférez **uniquement** le montant que vous prévoyez de dépenser avevc la carte, **plus** le montant supplémentaire que vous transférerez immédiatement à la dette cible.
- Pour les outils Prêts Hypothécaires/Ligne de Crédit, la même structure de calcul s'applique : Déposez directement votre cheque de paie sur l'outils pour réduire vos intérêts journaliers qui s'accumulent, et faites vos dépenses en temps et lieu à partir de ce même outils.

🧠 L'étude de cas de Lynn : L'avalanche en action

Que savons-nous :

- **Revenu net mensuel :** 4 500 $

Dépenses:

- Total des dépenses fixes : 1800 $ *(loyer, services publics, assurances, abonnements)*
- Dépenses variables totales : 600 $ *(épicerie, essence, divertissement)*
- **Total : 1800 $ + 600 $ = 2400 $**
- **Répartition des dépenses (identique à celle ci-dessus** – séparée par type de paiement accepté)
- Dépenses payables en espèces uniquement : 2000 $ *(à partir du montant fixe + variable qui ne peut pas être payé avec une carte)*
- Dépenses qui peuvent être payées par carte : 400 $ *(à partir de montants fixes + variables pouvant être payés avec un « outil »)*

Total : 2000 $ + 400 $ = 2400 $

- **Dette totale due :** 22000 $ sur 4 comptes
    1. Carte de magasin – 5000 $ à **28,99 %** taux d'intérêt annuel
    2. Carte de crédit – 3500 $ à **26,99 %** taux d'intérêt annuel
    3. Prêt personnel – 8000 $ à **12,99 %** taux d'intérêt annuel
    4. Prêt automobile – 5500 $ à **7,99 %** taux d'intérêt annuel

- **Dette minimale mensuelle (tous les comptes) :**

Compte de dette	Paiement minimum échelonné
Carte de magasin	225 $
Carte de crédit	160 $
Prêt personnel	420 $
Prêt automobile	320 $

Total : 1125 $ ☑

- **Économies du fonds d'urgence** : 500 $
- **Flux de trésorerie mensuel (après toutes les dépenses) : 475 $** disponibles pour ajouter aux paiements de la dette

Voici « l'ancienne façon de faire les choses » et « l'ancien résultat » que nous ne voulons PAS

Si vous ne payez que les minimums fixes indiqués ci-dessus :

Compte de dette	Mois pour rembourser	Intérêts payés
Carte de magasin	33 mois	2 255,47 $
Carte de crédit	31 mois	1 372,45 $
Prêt personnel	22 mois	1 008,13 $
Prêt automobile	19 mois	360,64 $

Résumé:

- Durée de remboursement de la dette la plus longue : 33 mois (carte de magasin)
- Intérêts totaux payés sur toutes les dettes : 4 996,68 $

Cela signifie que , sans les conseils de ce livre, il vous faudrait environ **2 ans et 9 mois pour être complètement libéré de vos dettes, en payant près de 5 000 $ d'intérêts.**

Travaillons ensemble sur notre nouvelle stratégie !

Stratégie choisie : Méthode Avalanche –

Nous gardons les mêmes chiffres :

Étape 1 : Concentrez tous les paiements supplémentaires sur la dette avec le taux d'intérêt annuel le plus élevé : carte de magasin 28,99 % taux d'intérêt annuel, tout en payant les minimums sur les autres .

💳 Paiement par carte de magasin – Méthode Avalanche

(Intérêts calculés sur Solde × taux d'intérêt annuel ÷ 12)

Mois	Paiement	Intérêt	Principal	Solde final
1	700,00	120,79	579,21	4 420,79
2	700,00	106,80	593,20	3 827,59
3	700,00	92,47	607,53	3 220,06
4	700,00	77,79	622.21	2 597,85
5	700,00	62,76	637,24	1 960,61
6	700,00	47,37	652,63	1 307,97
7	700,00	31,60	668,40	639,57
8	655.02	15,45	639,57	0,00

> **Comment lire la colonne 2 :** *Paiement*
>
> *225 $ est le montant minimum dû sur la carte de magasin chaque mois. Plus 475 $ (le solde restant après le paiement de toutes les factures). 225 $ + 475 $ = 700 $.*

> *Ce qui nous reste chaque mois après avoir payé toutes les factures, appelons le ici « extra » 475$.*

Résumé:

- **Nbr de Mois pour être a zéro** : 8
- **Intérêts totaux payés :** 555,02 $

Points clés à retenir :

- Ce **« minimum » de 225 $** ne sert pas entièrement au capital : une grande partie chaque mois est constituée **d'intérêts déguisés dans le paiement.**
- Au début, **plus de 17 % des 700 $** sont consacrés aux intérêts ; le dernier mois, il s'agit presque **entièrement du capital.**
- Si vous aviez payé seulement le minimum de 225 $, la carte du magasin aurait pris **des années** à être validée et aurait coûté **des milliers de dollars en intérêts supplémentaires.**

Avançons :

Étape 2 : 💳 Remboursement de la carte de crédit à 26,99 %

Les faits sur lesquels nous travaillons ici :

- La carte de magasin est maintenant **payée** , donc son ancien **paiement minimum de 225 $ + 475 $**

supplémentaires sont maintenant appliqués à la carte de crédit que nous payons maintenant à l'étape 2.

- Toutes les autres dettes (prêt personnel, prêt automobile) continuent de recevoir uniquement leurs paiements minimums.
- Le taux d'intérêt annuel de la carte de crédit est **de 26,99 %** .
- Paiement mensuel sur cette carte maintenant = **son ancien minimum 160 $ + 475 $ supplémentaires + minimum de la carte de magasin 225 $ = 860 $**

Carte de crédit (3 500 $ à 26,99 %) utilisant Avalanche après l'effacement de la dette n° 1 :

Paiement appliqué : 860 $/mois (minimum de 160 $ de la carte de crédit + 700 $ libérés du remboursement de la carte de magasin)

Mois	Paiement	Intérêt	Principal	Solde final
1	860,00	78,72	781,28	2 718,72
2	860,00	61,15	798,85	1 919,87
3	860,00	43.18	816,82	1 103,05
4	860,00	24,81	835,19	267,86
5	273,88	6.02	267,86	0,00

Résumé

- **Nbr de Mois pour être a zéro :** 5
- **Intérêts totaux payés :** 213,88 $

Que se passe-t-il ici

- Au cours du premier mois, **plus de 78 $** de votre paiement ne sont **que des frais d'intérêts,** ce qui signifie que seulement 781 $ réduisent réellement le solde.
- Au cours du dernier mois, presque **100 % de votre paiement** est consacré au capital.
- Payer seulement le **minimum de 160 $** allongerait cette dette sur **plusieurs années** et coûterait **des milliers de dollars** supplémentaires en intérêts.

Avançons :

Étape 3 : Remboursement du prêt personnel – Méthode Avalanche

Point de départ:

- **Solde :** 8 000 $
- **Taux d'intérêt annuel :** 12,99 %
- **Paiement minimum :** 420 $
- **Paiement supplémentaire d'Avalanche :** 860 $ (carte de crédit minimum 160 $ remboursée + 700 $ supplémentaires de la carte de magasin remboursée)
- **Paiement mensuel total du prêt personnel :** 420 $ + 860 $ = 1280 $

Prêt personnel (8 000 $ à 12,99 %) utilisant l'avalanche après l'effacement des dettes n° 1 et 2 :

Paiement appliqué : 1280 $/mois (minimum de 420 $ du prêt personnel + 700 $ libérés du remboursement de la carte de magasin + 160 $ libérés du remboursement de la carte de crédit)

Mois	Paiement	Intérêt	Principal	Solde final
1	1 280,00	86,60	1 193,40	6 806,60
2	1 280,00	73,68	1 206,32	5 600,28
3	1 280,00	60,62	1 219,38	4 380,90
4	1 280,00	47,42	1 232,58	3 148,33
5	1 280,00	34.08	1 245,92	1 902,41
6	1 280,00	20,59	1 259,41	643,00
7	649,96	6,96	643,00	0,00

Résumé

- **Nbr de Mois pour être à zéro :** 7
- **Intérêts totaux payés :** 329,96 $

Que se passe-t-il ici

- Au cours du premier mois, **86,67 $** de votre paiement sont **uniquement des frais d'intérêts** , mais comme le taux d'intérêt annuel est bien inférieur à celui du magasin ou de la carte de crédit, la majeure partie de votre paiement est consacrée au capital dès le départ.
- Le prêt est remboursé en **7 mois** après le début des paiements Avalanche.

- Ces 1280 $ par mois seront désormais reportés sur votre **dernière dette (prêt automobile)** si vous continuez l'Avalanche.

Avançons :

Étape 4 – Rembourser notre dernière dette, le prêt automobile

Maintenant que le **prêt personnel** est remboursé, les **1280 $/mois** que vous lui envoyiez (son minimum de 420 $ + 860 $ supplémentaires provenant des dettes précédentes) sont transférés vers le **prêt automobile.**

Remboursement d'un prêt auto – Méthode Avalanche

Point de départ:

- **Solde :** 5500 $
- **Taux d'intérêt annuel :** 7,99 %
- **Paiement minimum ordinaire:** 320 $
- **Paiement supplémentaire d'Avalanche :** 1280 $ (prêt personnel minimum de 420 $ + 860 $ supplémentaires)
- **Paiement mensuel total sur prêt automobile :** 1600 $

Prêt automobile (5500 $ à 7,99 %) utilisant l'avalanche après le règlement des dettes n° 1, 2 et 3 :

Paiement appliqué : 1600 $/mois (minimum de 320 $ du prêt automobile + 700 $ libérés du remboursement de la carte de magasin + 160 $ libérés du remboursement de la carte de crédit + 420 $ libérés du remboursement du prêt personnel)

Mois	Paiement	Intérêt	Principal	Solde final
1	1 600,00	36,62	1 563,38	3 936,62
2	1 600,00	26.21	1 573,79	2 362,83
3	1 600,00	15,73	1 584,27	778,56
4	783,75	5.18	778,56	0,00

Résumé

- **Nbr de Mois pour être à zéro :** 4
- **Intérêts totaux payés :** 83,75 $

Notes clés pour les lecteurs

- Étant donné que le taux d'intérêt annuel est faible, les frais d'intérêt mensuels sont minimes par rapport aux dettes antérieures. Le prêt auto disparaît **en moins de 4 mois** une fois qu'il devient la cible de l'Avalanche.
- Intérêts totaux sur la période de remboursement du prêt automobile = **seulement environ 84 $** , contre **des milliers** d'intérêts évités sur les dettes à taux d'intérêt annuel élevé plus tôt dans le processus.

💬 Ce qu'ils ont dit après

> *« On pensait que rembourser ses dettes, c'était savoir gérer son argent. Mais il s'agit de suivre un plan avec constance. C'est devenu un rythme. Comme aller à la salle de sport. On est devenu accrochés à la baisse de nos chiffres. »*

🔄 Réécrivez votre histoire

« Ce plan fonctionne pour les autres, mais pas pour moi. »

Cette voix, c'est la peur. C'est ton passé qui parle plus fort que tes progrès.

Dites plutôt ceci :

> *« Je n'ai jamais eu de plan aussi clair. Je suis capable de le suivre. Je ne suis pas bloqué, je me lance. »*

On croit souvent que les autres sont simplement plus doués avec l'argent.

Mais en réalité, ils avaient du soutien, de la clarté et du temps. Et vous aussi.

Chaque pas que vous faites dans ce livre est la preuve que cette fois, votre histoire se termine différemment.

💬 Écrit juste pour vous

> *« Le succès n'est pas une question d'intensité, mais de constance. 200 $ par mois de stratégie valent mieux que 2 000 $ de devinettes. »*

📌 Résumé du chapitre : Ce que vous avez conquis

> *La liberté n'est pas un mystère. C'est le calcul, avec du courage.*

- **De gros chiffres n'ont pas besoin de gros revenus.** Ils ont besoin de stratégies intelligentes et d'efforts constants.
- **Votre dette n'a pas besoin de 5 ans.** Avec un plan, vous pouvez réduire ce délai de plus de moitié.
- **L'intérêt est votre ennemi silencieux.** Ciblez d'abord les plus importants pour stopper l'hémorragie.
- **Visualiser votre chemin vous permet de le maintenir.** Suivi mensuel = motivation quotidienne.
- **Vous pouvez le faire.** Cela a déjà été fait, avec moins de revenus, plus de chaos et moins d'outils.

✸ Prochaine étape

Dans le chapitre 13, nous aborderons le sujet de ce qui arrive *lorsque la vie ne se déroule pas comme prévu.* « Ce n'est pas la fin. C'est juste un changement de cap ».

Cette page est laissée vierge intentionnellement

CHAPITRE 13

À votre tour

Construisez votre stratégie

(votre manuel personnel)

« Il ne s'agit plus d'apprendre, mais d'agir. Ce chapitre est le vôtre. »

☑ 13.1– De l'observateur à l'architecte : vous avez désormais le contrôle

Arrêtons-nous un instant.
Repensez à l'endroit où vous étiez lorsque vous avez commencé ce livre.

Peut-être vous sentiez-vous honteux, dépassé ou complètement à court d'options. Peut-être que les chiffres vous semblaient impossibles. Peut-être pensiez-vous : *« Je ne suis pas doué pour ça. »*

Et pourtant... vous voilà.

Avec clarté. Avec des outils. Avec des connaissances. Et surtout, avec le pouvoir d'élaborer un plan adapté à **votre réalité.**

Ce chapitre n'est pas théorique. Il est pratique.

Il vous permet de passer de **l'observation du match** à **l'appel des actions.**

La liberté financière ne commence pas par la perfection.

Elle commence par **un plan sur lequel vous êtes prêt à vous engager pour 30 jours.**

Construisons cela maintenant.

🔍 13.2 – Concepts clés, expliqués simplement

📄 Stratégie de roulement

Chaque fois que vous finissez de rembourser une dette, vous reportez ce **montant minimum** sur la dette suivante.

Cela crée **une dynamique** et réduit considérablement votre échéance de remboursement total.

Imaginez-le comme une boule de neige qui dévale une pente, gagnant en puissance et en vitesse.

🔁 Refaites vos calculs tous les 3 mois

La vie change. Vos revenus fluctuent. Des urgences surviennent.

C'est pourquoi vous réexaminerez votre plan tous les 90 jours. Ainsi, il restera réaliste, pertinent et adaptable.

🧠 Suivi = Vérité

Ne vous fiez pas à votre mémoire. Utilisez les fiches de travail de ce livre pour rester motivé.

Le suivi n'est pas une question de culpabilité. Il s'agit de **prouver que vous faites le travail.**

🔧 13.3– Le mini-cadre : Élaborez votre stratégie de gestion de la dette personnelle

Voici ce que vous devrez remplir (avec des exemples insérés):

Étape 1 : Énumérez toutes les dettes

Nom de la dette	Dette	Taux d'intérêt	Paiement minimum	Objectif mensuel	Stratégie
Carte de chasse	2600 $	22,99%	80 $	200 $	Avalanche
Prêt automobile	7400 $	8,5%	260 $	260 $	Minimum
Carte de magasin	1800 $	28,99%	50 $	300 $	Boule de neige

Étape 2 : Vérification hebdomadaire des flux de trésorerie

Semaine	Revenu en	Dépenses sorties	Transfert vers la dette	Notes
Semaine 1	1200 $	940 $	160 $	Sur la bonne voie
Semaine 2	1200 $	1020 $	80 $	Les courses ont été expédiées
Semaine 3	1200 $	950 $	150 $	Couper le service de streaming
Semaine 4	1200 $	900 $	200 $	Meilleure semaine !

Étape 3 : Suivi des progrès sur 3 mois

Mois	Total payé pour la dette	Total des intérêts payés	Dettes clôturées	Victoires
Mois 1	850 $	150 $	0	J'ai effectué 4 paiements supplémentaires
Mois 2	1 100 $	110 $	1	Carte magasin fermée !
Mois 3	1 200 $	80 $	1	Économies d'urgence à 300 $

« Lorsque les chiffres montrent des progrès, votre cerveau cesse de douter de vos efforts. »

🔗 Outil final : Fiche de travail « Vos 90 premiers jours sans dette »

Semaine	Étape de concentration / d'action	Paiement ou épargne planifié	Réel	Réflexion / Victoire
1	Annuler les abonnements non utilisés	$______	$______	________________
2	Créer un budget à base zéro	$______	$______	________________
3	Payer un supplément sur [Nom de la dette]	$______	$______	________________
4	Réduisez vos repas au restaurant de 50 %	$______	$______	________________
5	Vendez 1 à 2 articles inutilisés	$______	$______	________________
6	Vérifier le rapport de crédit	$______	$______	________________

7	Payer un supplément sur [Nom de la dette]	$_____	$_____	______________
8	Plan de repas pour réduire les dépenses d'épicerie	$_____	$_____	______________
9	Ajoutez 50 $ au fonds d'urgence	$_____	$_____	______________
10	Week-end sans dépenses	$_____	$_____	______________
11	Payer un supplément sur [Nom de la dette]	$_____	$_____	______________
12	Évaluer les progrès et célébrer	$_____	$_____	______________

- **La colonne Semaine** garde la chronologie visible.
- Létape **Focus / Action** donne une tâche pratique.
- **Planifié par rapport à Réel** montre les objectifs financiers.
- **La réflexion / la victoire** crée une dynamique et une responsabilité.

🧠 Étude de cas : Le redressement de la dette de Nicole en 23 mois

✦Nicole est une **aide-soignante de 37 ans** , mère célibataire de deux enfants. Elle gagne **3900 $ par mois après impôts** et loue un modeste appartement de deux chambres. Depuis des années, le solde de ses cartes de crédit et son prêt personnel sont une source constante de stress.

Déterminée à reprendre le contrôle, Nicole a adopté la **méthode boule de neige** : elle s>est concentrée sur le remboursement de son plus petit solde en premier, tout en effectuant des paiements minimums sur toutes ses autres dettes. Cela lui a permis de réaliser des gains rapides et de trouver la motivation pour persévérer.

Ses dépenses mensuelles sont :

Catégorie	Montant
Loyer et charges	1 600 $
Épiceries	650 $
Transport	300 $
Assurance	200 $
Garde d'enfants/École	250 $
Téléphone et Internet	150 $
Divers. Coût de la vie	300 $
Dépenses totales	**3 450 $**

Cela laisse un flux de trésorerie de 450 $ par mois disponible pour le remboursement de la dette, plus les paiements minimums déjà budgétisés.

Dettes (Avant d'appliquer sa stratégie)

Compte de dette	Dette	Intérêt Annuel	Paiement minimum
Carte de crédit n° 1	1 200 $	22,9%	60 $
Carte de crédit n° 2	3 000 $	19,5%	90 $
Prêt personnel	6 500 $	9,5%	210 $

La stratégie de Nicole :

- Veut utiliser la **méthode boule de neige**

- Suit ses dépenses dans un carnet chaque semaine
- Recalcule les objectifs tous les 3 mois
- Conserve un coussin d'urgence de 150 $

Pourquoi la méthode boule de neige ?

Nicole a choisi **Boule de Neige** parce que :

- Elle voulait **des victoires rapides** pour rester motivée.
- Le fait de voir une carte être entièrement remboursée l'aide **à s'en tenir au plan** .
- Mathématiquement, Avalanche économise plus en intérêts, mais Boule de Neige lui a donné l'élan émotionnel dont elle avait besoin.

Comment fonctionnera le plan boule de neige de Nicole :

1. **Dressez la liste des dettes du solde plus petit au plus élevé** (ignorez le taux d'intérêt annuel à cette étape).
2. **Payez tous les minimums** sur chaque dette.
3. Appliquez d'abord **tout l'argent supplémentaire** au plus petit solde.
4. Une fois qu'une dette est remboursée, **reportez son paiement** à la prochaine dette avec le montant le plus bas.

Les faits:

	Compte de dette	Dette	Intérêt Annuel	Paiement minimum
1	Carte de crédit n° 1	1 200 $	22,9%	60 $
2	Carte de crédit n° 2	3 000 $	19,5%	90 $
3	Prêt personnel	6 500 $	9,5%	210 $

Dette 1 : Carte de crédit n° 1 (1200 $ à 22,9 %) dans la méthode boule de neige :

Mois	Paiement	Intérêt	Principal	Solde final
1	510 $	22,90 $	487,10 $	712,90 $
2	510 $	13,62 $	496,38 $	216,52 $
3	220,48 $	4,13 $	216,35 $	0,00 $

Remarques : Paiement mensuel : *minimum de 60 $ + 450 $ de trésorerie = 510 $ (jusqu'au dernier mois, lorsque le solde est plus faible).* **Délai de remboursement :** *3 mois.*

Dette 2 : Carte de crédit n° 2 (3000 $ à 19,5 %) en utilisant la méthode boule de neige après le remboursement de la phase 1 :

Paiement appliqué : 600 $/mois (510 $ de boule de neige provenant de l'argent qui reste après les dépenses + montant qu'on payait sur la carte de crédit n° 1 remboursée + 90 $ minimum de carte de crédit n° 2)

Mois	Paiement	Intérêt	Principal	Solde final
1	600,00	48,75	551,25	2 448,75
2	600,00	39,79	560.21	1 888,54
3	600,00	30,69	569,31	1 319,23
4	600,00	21.44	578,56	740,67
5	600,00	12.04	587,96	152,70
6	155,19	2.48	152,70	0,00

Résumé : Mois jusqu'à 0 $: *6* - **Intérêts totaux payés :** *155,19 $*

Dette 3 : Prêt personnel (6 500 $ à 9,5 %) selon la méthode boule de neige après le remboursement de la phase deux(2) :

Paiement appliqué : 810 $/mois (600 $ de boule de neige provenant de l'argent qui reste après les dépenses + montant qu'on payait sur les cartes de crédit n° 1 et 2 remboursées + prêt personnel minimum de 210 $)

Mois	Paiement	Intérêt	Principal	Solde final
1	810,00	51,46	758,54	5741,46
2	810,00	45,45	764,55	4976,91
3	810,00	39,40	770,60	4206,31
4	810,00	33.30	776,70	3429,61
5	810,00	27.15	782,85	2646,76
6	810,00	20,95	789,05	1857,72
7	810,00	14,71	795,29	1062,42
8	810,00	8.41	801,59	260,83
9	262,90	2.06	260,83	0,00

Résumé : Mois jusqu'à 0 $: *9* - **Intérêts totaux payés :** *242,90 $*

Dette 4 : Prêt automobile (5 500 $ à 7,99 %) selon la méthode boule de neige après le remboursement de la phase 3 :

Paiement appliqué : 1130 $/mois (810 $ de boule de neige provenant de l'argent qui reste après les dépenses + montant qu'on payait sur les cartes de crédit 1 et 2 remboursées + montant qu'on payait sur le prêt personnel remboursé + prêt automobile minimum de 320 $)

Mois	Paiement	Intérêt	Principal	Solde final
1	1 130,00	36,62	1 093,38	4406,62
2	1 130,00	29,34	1 100,66	3305,96
3	1 130,00	22.01	1 107,99	2197,97

4	1 130,00	14,63	1 115,37	1082,61
5	1 089,82	7.21	1 082,61	0,00

Résumé : Mois jusqu'à 0 $: *5* - **Intérêts totaux payés :** *109,82 $*

Récapitulatif du processus d'élimination de la dette à l'aide de la méthode boule de neige

Phase	Dette	Dette	Intérêt Annuel	Paiement appliqué	Mois à 0 $	Intérêts payés
1	Carte de crédit n° 1	1 200 $	22,90%	510 $	3	64,63 $
2	Carte de crédit n° 2	3 000 $	19,50%	600 $	6	155,19 $
3	Prêt personnel	6 500 $	9,50%	810 $	9	242,90 $
4	Prêt automobile	5 500 $	7,99%	1 130 $	5	109,82 $
TOTAL	—	**16 200 $**	—	—	**23 mois**	**572,54 $**

Points forts de Boule de Neige :

- **Dette totale payée :** 16 200 $
- **Total des intérêts payés :** 572,54 $
- **Il est temps de se libérer de ses dettes** : 23 mois
- **Économies d'intérêts par rapport au forfait initial de 5 mois :** 54,28 $ économisés sur la carte de crédit n° 1
- **Croissance dynamique :** le montant du paiement fait boule de neige de **510 $ → 600 $ → 810 $ → 1130 $** à mesure que chaque dette est réglée.
- **Stimulant psychologique :** La victoire plus rapide de 3 mois sur la première carte donne à Nicole une

motivation encore plus forte pour s'attaquer aux dettes suivantes.

Les stratégies supplémentaires de Nicole

- **Suivi des dépenses hebdomadaires :** elle enregistre chaque dépense dans un carnet pour rester responsable.
- **Bilan trimestriel des objectifs :** Tous les 3 mois, elle recalcule ses projections de remboursement de la dette.
- **Petites récompenses :** chaque fois qu'elle règle une dette, elle fête cela avec une friandise familiale à petit prix.
- **Coussin d'urgence :** elle maintient un montant d'urgence afin que les dépenses imprévues ne fassent pas dérailler les progrès.

Résultat final :

Nicole sera **libérée de ses dettes en moins de deux ans**, payant près de **2 000 $ d'intérêts de moins** que si elle s'en tenait aux paiements minimums. La rapidité du premier remboursement lui a donné l'élan nécessaire pour mener son plan à bien, prouvant que les victoires émotionnelles peuvent être tout aussi puissantes que les victoires mathématiques.

Elle a commencé par dire : *« Ça ne marchera pas pour moi »*

Maintenant, elle dit :

> *« C'est MON plan. Et je respire enfin. »*

▧ Auto-évaluation : mon plan d'action mensuel

Objectif : Élaborer une stratégie mensuelle

Mesures:

1. Notez tous les revenus du mois.
2. Soustraire les dépenses fixes.
3. Dressez la liste des dépenses flexibles et planifiez les réductions à effectuer.
4. Déterminez le montant total supplémentaire que vous pouvez consacrer à votre dette.
5. Attribuez votre dette cible et vos minimums.
6. Fixez-vous un petit objectif d'urgence/d'épargne si nécessaire.

Exemple pratique :

- Revenu : 4200 $
- Frais fixes : 2600 $
- Dépenses flexibles : 900 $ → Réduisez de 200 $ (repas au restaurant + salle de sport)
- Paiements de la dette : 700 $ (minimum de 300 $ + 400 $ supplémentaires pour atteindre l'objectif)

- Épargne : 100 $

Réécrivez votre histoire

« Je commence toujours fort, mais je ne finis jamais... »

Cette histoire n'est pas votre vérité. C'est votre peur.

Votre cerveau essaie de vous protéger de la déception. Mais cette peur est dépassée. Cette fois, vous n'improvisez pas.

Dites plutôt ceci :

> *« Ce plan est fait pour moi. Je ne suis pas parfaite, mais je suis préparée. »*

Chaque feuille de travail, chaque point de contrôle, chaque chiffre sur la page est un **pont** entre votre situation actuelle et votre objectif.

Il ne s'agit pas seulement de discipline. Il s'agit de **planifier votre réussite** à l'avance.

Écrit juste pour vous

> *« Tu n'as pas besoin d'une nouvelle vie. Tu as juste besoin d'un nouveau modèle. Et c'est ce modèle qui te libère. »*

Vous avez maintenant votre plan. Dans les chapitres suivants, nous verrons comment le protéger et quelle est la marche à suivre une fois la dette réglée.

📌 Résumé du chapitre : Ce que vous avez conquis

- Une **liste claire des dettes** avec des attributions stratégiques
- Un **outil de suivi hebdomadaire des revenus et des dépenses**
- Une **feuille d'action mensuelle** qui vous permet de rester concentré
- Une **routine de recalibrage** tous les 3 mois
- Un **vrai plan** qui reflète votre vraie vie

✸ Prochaine étape : ça marche. Continuez à travailler.

Le chapitre 14 porte sur la mise en place de protections et la préparation aux aléas de la vie, qu'ils soient prévisibles ou inattendus.

Nous aborderons les fonds d'urgence, les baisses de revenus et les moyens de maintenir sa progression malgré les imprévus.

Votre mission actuelle ? Continuez à être présent. Une semaine à la fois. Parce que la vie que vous construisez est déjà en marche.

CHAPITRE 14

Rester dans le jeu – Rester sur la bonne voie

« La discipline ne consiste pas à faire les choses parfaitement. Il s'agit d'être présent, surtout quand il serait plus facile d'abandonner. »

☑ 14.1– Histoire : La semaine où tout s'est effondré

Tasha faisait tout correctement.

Elle avait établi son budget. Elle cuisinait à la maison. Elle avait même fêté le remboursement de sa première carte de crédit deux semaines plus tôt.

Mais ensuite, une chose après l'autre s'est produite : L'école de son fils lui a envoyé une contribution surprise pour une collecte de fonds. La facture d'électricité était 48 $ plus élevée que d'habitude. Et sa voiture a commencé à émettre un bruit qu'elle savait n'allait pas être gratuit.

Soudain, elle fut tentée de sortir la carte qu'elle venait de payer.

« J'avais l'impression d'avoir échoué. Comme si la dette me poursuivait. Je me suis demandé : à quoi bon tant d'efforts si la vie me fait toujours reculer ? »

Ce que Tasha ne réalisait pas, c'est **qu'elle n'avait pas échoué. Elle avait juste rencontré un obstacle.**

Se débarrasser de ses dettes n'est pas une ligne droite et parfaite. C'est un parcours chaotique, émotionnel et concret. Et comme pour tout ce qui compte, **ce n'est pas la perfection qui vous fait avancer, mais les habitudes que vous adoptez lorsque la motivation vous manque.**

🔍 14.2 – Ce que signifie rester dans le jeu

Soyons honnêtes : le début de votre parcours d'endettement est généralement le plus excitant.

Vous élaborez un plan, vous vous sentez motivé, vous commencez à voir de petites victoires.

Mais quelque part entre le deuxième et le sixième mois, une petite voix sournoise se fait entendre :

« C'est épuisant. »

« Est-ce que ça marche vraiment ? »

« La liberté de dépenser me manque. »

Cette voix n'est pas votre ennemie. C'est votre ancien système.

Votre cerveau a été entraîné à réagir au stress, à la facilité et à l'argent de manière spécifique. Pour rester dans le coup, il faut **créer de nouvelles habitudes qui deviendront vos valeurs par défaut, même les jours difficiles.**

Parlons de trois outils essentiels pour rester sur la bonne voie :

(1) les contrôles hebdomadaires, (2) la gestion de crise sans honte et (3) la célébration des bonnes choses.

🔧 14.3 – Le point hebdomadaire : la discipline plutôt que le drame

Les personnes qui réussissent le mieux à éliminer leurs dettes ne comptent pas sur la motivation, mais sur le rythme.

Chaque semaine, ils font un point de 15 minutes avec eux-mêmes.

Ne pas juger. Ne pas paniquer. Juste *remarquer.*

Voici comment construire votre rythme :

🔁 Rituel hebdomadaire : chaque vendredi ou dimanche

- Ouvrez ce livre et regardez les tableaux, les notes que vous avez ajoutées, les feuilles de calcul que vous avez remplies.
- Demandez-vous :
  - Qu'est-ce qui est rentré (revenu) ?
  - Quelles sont les dépenses qui ont été effectuées?
  - Qu'est-ce qui m'a surpris ?

- Ai-je respecté le plan (Boule de Neige ou Avalanche) ?
- Quelle est la « petite chose » que je peux faire mieux la semaine prochaine ?

C'est ici que vous construisez **une intimité financière** avec vous-même.

Il ne s'agit pas de tout régler en une seule fois, mais de ne pas gaspiller votre argent.

C'est un peu comme se brosser les dents face à ses finances.

On n'attend pas d'avoir une carie pour passer le fil dentaire, on le fait pour *prévenir les problèmes.*

🧠 14.4– Quand les revers surviennent (et ils surviennent)

Aucun parcours d'endettement ne se déroule parfaitement. La vie mettra vos plans à l'épreuve. Alors, que faire quand tout s'écroule ?

🚨 Revers n°1 : l'urgence frappe

Votre réfrigérateur tombe en panne. Votre chien tombe malade. Votre travail est réduit.

Faites une pause. Respirez. Ce n'est pas un échec, c'est la vie.

Si vous avez constitué une petite réserve d'urgence (même de 100 à 250 dollars), c'est le moment de l'utiliser, sans culpabilité.

Sinon, faites le **meilleur choix suivant** :

- Suspendez temporairement vos paiements de dettes supplémentaires.
- Couvrez les besoins (strictement).
- Ajustez le plan sans tout gâcher.

La résilience ne signifie pas que rien ne se brisera. Cela signifie qu'on *rebondit mieux.*

🧠 Revers n°2 : la comparaison tue le progrès

Faire défiler Instagram tout en mangeant du riz et des haricots est brutal.

Vous voyez des amis avec de nouvelles voitures, des voyages dans les Caraïbes et des brunchs sans fin.

Mais voici ce que vous ne voyez pas : **la dette dans laquelle ils s'enfoncent silencieusement.**

N'enviez pas leurs dépenses, **enviez leur silence.**

Car pendant qu'ils se la pètent, *vous achetez votre liberté en silence.*

Répétez-vous ceci :

> *« Leur vie n'est pas la mienne. Leur dette n'est pas mon rêve. »*

🧁 Revers n°3 : Tentation = Point de décision

Vous avez eu une semaine difficile, et soudain, 38 $ sur votre l'application de votre magasin favori ne vous semblent plus si mal.

Cette petite voix vous dit : « *Vous avez été sage. Vous le méritez.* »

Tu mérites quelque chose.

Mais ce que vous **méritez le plus,** c'est d'être fier de vous la semaine prochaine.

Donc une stratégie de joie serait :

- Fonds de divertissement de 10 $ par semaine
- Soins personnels à faire soi-même (bain, promenade, lecture, soirée dansante)
- Envoyez un SMS à un ami au lieu de dépenser de l'argent

La tentation perd de son pouvoir lorsque vous *planifiez votre plaisir avec intention.*

🎯 14.5 – La psychologie des petites victoires

Votre cerveau a besoin de preuves que ce que vous faites fonctionne.

Si votre seule célébration se produit à la fin de votre plan d'endettement, votre motivation s'épuisera.

Alors, célébrez souvent, intentionnellement et à moindre coût.

Voici comment :

- Vous avez payé une carte ? Écrivez-le sur un post-it et collez-le bien en vue.

- Vous avez atteint une série de 3 mois ? Offrez-vous une soirée spa sans frais ou un dessert à 5 $.
- Vous avez économisé 100 $ de fonds d'urgence ? Dansez dans votre cuisine comme si vous aviez gagné à la loterie.

Célébrer apprend à votre cerveau : *« Ce nouveau comportement apporte de la joie. »*

Cela rend la répétition plus facile.

▧ Exercice d'auto-évaluation : construisez votre mantra

Objectif : Rester ancré avec une ancre visible et émotionnelle.

Mesures:

1. Écrivez votre plus gros gain financier actuel. (Il peut être petit !)
2. Ajoutez une phrase encourageante que vous verrez tous les jours.
3. Collez-le sur votre miroir, votre réfrigérateur ou votre étui de téléphone.

Exemples de mantras:

- « Je ne suis pas en retard. Je suis sur la bonne voie. »
- « Je suis le genre de personne qui va jusqu'au bout. »

- « Ce plan fonctionne, même si la journée d'aujourd'hui est difficile. »
- « Petits pas. Grand changement. Sans honte. »

✍ Journal Prompt : Une habitude que je change

Réfléchissez à ces points :

- Quelle est l'habitude qui me retient ?
- Quand est-ce que je succombe à cette habitude ? (Moment, émotion, déclencheur ?)
- Que pourrais-je faire différemment la prochaine fois ?
- Qu'est-ce qui changerait dans ma vie si j'abandonnais cette habitude ?

C'est ainsi que le changement perdure : en rendant l'inconscient conscient.

🔄 Réécrivez votre histoire

Vous pourriez entendre cette voix dans votre tête :

« Je ne m'accroche jamais à quoi que ce soit. Je chute toujours. »

Faites une pause.

Ce n'est pas la vérité. C'est un traumatisme. C'est une répétition. C'est un vieux souvenir déguisé en fait.

Dites-vous plutôt ceci :

> *« J'ai peut-être arrêté avant, mais j'ai recommencé. Et c'est ça, la force. »*
>
> *« La cohérence ne consiste pas à être parfait, mais à revenir après une dérive. »*

Votre passé ne disqualifie pas vos progrès.

Votre retour est ce qui reprogramme votre cerveau.

Cette fois, **vous restez dans le jeu.**

💬 Écrit juste pour vous

« Tomber sept fois, se relever huit fois. C'est comme ça qu'on gagne. »

📌 Résumé du chapitre : Ce que vous avez conquis

- Un rythme de contrôle hebdomadaire personnel
- Un système pour rebondir après les revers de la vie réelle
- Un plan pour récompenser votre travail acharné, sans ruiner votre budget
- Un mantra qui vous rappelle *pourquoi* vous avez commencé
- Une invitation à changer vos habitudes et à vous rapprocher de votre objectif

✸ Prochainement : Chapitre final – Gratuit, pour toujours

Dans le dernier chapitre, nous verrons comment rester sans dettes sur le long terme.

Car la liberté n'est pas fragile lorsqu'elle est construite avec intention.

Vous avez acquis une force. Rendons-la permanente.

CHAPITRE 15

Le coup final

Sans dette... et maintenant ?

« Vous avez passé des années à survivre. Il est temps de commencer à concevoir. »

☑ 15.1– Le moment où ça se termine

Julia s'est connectée à son compte et l'a vu :

Paiement final : 47,19 $ – Terminé.

Pas de fanfare. Pas de confettis. Juste un petit texte et un silence si fort qu'il fit battre son cœur.

Elle fixa l'écran pendant cinq minutes entières.

Puis elle murmura à voix haute, comme si elle s'adressait aux années passées à se noyer :

« Ça y est. J'ai réussi. »

Et puis la peur s'est installée.

« Et maintenant ? »

15.2 – Une vie sans équilibre

Prenons un moment pour reconnaître quelque chose d'important :

vous avez fait quelque chose que beaucoup de gens ne font *jamais*.

Vous avez affronté vos chiffres.

Vous avez changé vos habitudes. Vous avez lutté contre vos émotions. Vous êtes resté dans la course.

Et maintenant, la dette a disparu.

Mais c'est là que de nombreuses personnes tombent dans l'un des deux pièges suivants :

1. Ils ne savent pas quoi faire de l'argent supplémentaire… alors ils le dépensent.
2. Ils ont peur de se tromper à nouveau… alors ils ne font rien.

Aucun de ces deux scénarios ne représente votre avenir.

Vous êtes sur le point d'entrer dans votre *prochain chapitre*, avec clarté, confiance et choix.

🔧 15.3– Célébrez, mais de manière stratégique

Oui, il faut fêter ça. Non, pas besoin de dépenser beaucoup d'argent.

Mais cela doit être **intentionnel.**

Une célébration qui guérit :

- Écrivez une lettre à votre ancien moi : « Merci d'avoir commencé. »

- Partagez votre histoire avec quelqu'un qui a besoin d'espoir.
- Prenez une « photo de liberté » du moment : imprimez-la, encadrez-la.

Pourquoi ? Parce que notre cerveau **se souvient des fins symboliques.**

Il a besoin d'une clôture émotionnelle pour créer une nouvelle identité.

Vous n'êtes plus une personne endettée.

Vous avez surmonté vos dettes. C'est un changement qui mérite d'être salué.

🔄 15.4– Réaffecter l'argent

Disons que vous payiez 600 $ par mois pour rembourser vos dettes.

À partir du mois prochain, ces 600 $ représenteront désormais **un véritable pouvoir financier.**

Avant de vous procurer notre prochain livre sur l'investissement, voici un exemple de feuille de route pour ce nouvel argent :

Stratégie	**%**	**Montant à partir de 600 $**
Fonds d'urgence	30%	180 $
Investissement / Retraite	25%	150 $
Objectifs à court terme (vacances, rénovation de la maison)	20%	120 $
Divertissement / Style de vie	15%	90 $
Donner / Faire un don	10%	60 $

Vous pouvez personnaliser les catégories, mais ne laissez jamais ce montant total disparaître dans des dépenses aléatoires.

L'argent sans but trouve toujours le moyen de disparaître.

Reconstruire après la liberté

Voici ✦Diego, 38 ans.

Il a remboursé 27 000 $ de dettes en deux ans. Le dernier paiement était un prêt automobile.

Après cela, il s'est senti… perdu.

Il a donc suivi le plan suivant :

1. Il a constitué son fonds d'urgence de 3 mois en 6 mois grâce aux paiements libérés.
2. Il a commencé à investir 200 $ par mois dans un fond de retraite pour la première fois.
3. Il a fixé un objectif : 1 voyage international par an, payé en espèces.

Désormais, au lieu de ressentir de l'appréhension, Diego ouvre son application bancaire avec **détermination.**

Son ancien remboursement de 490 $ par mois lui permet désormais de financer *la paix et les possibilités.*

🧠 15.5 – De nouveaux objectifs ont besoin de nouveaux budgets

Ce n'est pas parce que vous n'avez plus de dettes que votre budget est terminé.

Au contraire, il évolue.

Vos nouvelles catégories :

- Économiser pour les gros achats
- Investissements de retraite
- Voyages et expériences
- Améliorations de votre logement
- Faire un don
- Créer des revenus passifs

Vous ne réduisez plus vos dépenses, vous concevez.

La budgétisation devient désormais un **menu de liberté.**

« Qu'est-ce que je veux créer avec ce pouvoir ? »

✨ 15.6– La paix du contrôle

Les gens pensent que l'argent apporte la paix.

Mais ce qui apporte réellement la paix, c'est *de savoir* ce que fait votre argent.

Vivre sans dettes n'est pas qu'une question de chiffres : c'est aussi une question **de sérénité mentale.**

Vous dormirez plus profondément, respirerez mieux et rêverez plus librement.

Et si quelque chose tourne mal à nouveau ?

Vous saurez quoi faire.

Car cette fois, vous avez les compétences. Les outils. L'expérience.

« Tu n'as plus peur. Tu es libre. »

▧ Auto-évaluation : votre vision après la dette

Objectif : Ancrer vos décisions futures dans votre nouvelle identité.

Mesures:

1. Notez le montant mensuel que vous envoyiez à vos dettes.
2. Énumérez 3 façons dont vous aimeriez rediriger ce montant maintenant.
3. Choisissez-en un qui vous passionne *et* qui construit votre avenir.
4. Configurez un virement automatique à partir du mois prochain.

Exemple:

- Paiement de l'ancienne dette : 540 $
- Redirection : 150 $ vers un fonds d'urgence, 200 $ vers un compte retraite, 100 $ vers un fonds de vacances, 90 $ pour le plaisir
- Date de virement automatique : le 15 de chaque mois

Cela devient votre **habitude de richesse.**

🔄 Réécrivez votre histoire

Vieille histoire :

« J'ai toujours eu du mal avec l'argent. Je vais encore tout gâcher. »

Nouvelle histoire :

> *« Je ne savais pas avant ce que je sais maintenant. Mais maintenant, je le sais. J'ai accompli quelque chose de formidable. J'ai prouvé que je pouvais prendre le contrôle. Je suis digne de confiance avec l'argent. Je peux reconstruire avec sagesse. J'ai des options. Et je choisis la paix. »*

Dites-le à voix haute, écrivez-le, ressentez-le dans votre poitrine.

Que cela soit la nouvelle bande-sonore dans votre tête.

💬 Écrit juste pour vous

« Être libéré de ses dettes ne marque pas la fin de votre histoire. C'est la page blanche où la véritable histoire commence. »

📌 Résumé du chapitre : Ce que vous avez conquis

- **Vous l'avez fait : vous avez clôturé votre dernier solde. C'est historique.**
- Célébrez intentionnellement : honorez votre parcours, pas votre douleur.
- Redirigez vos anciens paiements vers votre avenir : liberté, richesse, objectif.
- Votre budget compte toujours : il est désormais un *modèle de liberté.*

- La paix se trouve dans le contrôle, la clarté et la cohérence.
- Votre nouvelle identité : financièrement libre, émotionnellement ancrée, puissamment sage.

💬 Écrit juste pour vous

« Pas besoin d'être parfait pour gagner. Il suffit de continuer à être honnête et d'avoir un plan. »

☑ Annexe A : Liste de contrôle des 12 derniers mois vers la liberté

« Vous ne ressentirez pas toujours le changement au jour le jour, mais mois après mois, votre élan devient un miracle. »

Cette liste de contrôle est votre **journal de célébration** et votre **miroir de responsabilité.**

Il ne s'agit pas seulement de chiffres, mais **des choix que vous avez faits,** de l'état d'esprit que vous avez changé et de la vie que vous avez récupérée, un mois à la fois.

Chaque ligne est un moment pour faire une pause, réfléchir et écrire votre victoire.

📄 Instructions

- Utilisez cette liste de contrôle **après vous être engagé dans votre stratégie de gestion de la dette.**
- À la fin de chaque mois, prenez 5 à 10 minutes pour la remplir.
- Ne sautez pas de mois, même en cas de revers. Cela fait aussi partie de votre vérité.
- Gardez cette page visible. Affichez-la sur votre mur, votre classeur ou votre réfrigérateur.

📅 Suivi des étapes clés sur 12 mois

Mois	Dette payée ce mois-ci	Notes / Défis	Je célèbre la victoire
Mois 1	$________	____________________	_________________________
Mois 2	$________	____________________	_________________________
Mois 3	$________	____________________	_________________________
Mois 4	$________	____________________	_________________________
Mois 5	$________	____________________	_________________________
Mois 6	$________	____________________	_________________________
Mois 7	$________	____________________	_________________________
Mois 8	$________	____________________	_________________________
Mois 9	$________	____________________	_________________________
Mois 10	$________	____________________	_________________________
Mois 11	$________	____________________	_________________________
Mois 12	$________	____________________	_________________________

Questions de réflexion

Aux mois 3, 6, 9 et 12, faites une pause et répondez :

- *Qu'est-ce qui a changé dans ma façon de penser à l'argent ?*
- *Ai-je eu une urgence financière ? Comment l'ai-je gérée ?*
- *Quelle habitude financière ai-je conservée le plus longtemps ?*
- *Quelle nouvelle habitude est-ce que je veux développer ensuite ?*
- *Que me dirais-je si je recommençais à zéro maintenant ?*

Rappels de motivation à publier

Collez ces citations là où vous les verrez souvent :

✦ « Le progrès n'est pas parfait, c'est juste un mouvement constant dans la bonne direction. »

✦ « Je n'ai pas besoin d'être motivé. J'ai juste besoin de rester engagé. »

✦ « Une année de discipline peut changer toute ma vie. »

✦ « Ce n'est pas la dette qui a le dernier mot. C'est Moi. »

🖼 Annexe B : Citations de motivation

Imprimez. Publiez. Répétez quotidiennement.

« Ce n'est pas la dette qui a le dernier mot. C'est vous qui avez le dernier mot. »

✨ Cartes de citations imprimables

☒ Découpez le long des lignes et collez chaque citation à l'endroit où elle vous rappellera de rester fort : miroir de salle de bain, réfrigérateur, portefeuille ou étui de téléphone.

Ce faible solde n'est pas une crise.

C'est la preuve que je change ma vie.

Je ne suis pas ruiné, je construis.

Chaque dollar dépensé a remboursé ma dette.

Cet argent travaille pour moi.

Le progrès n'est pas toujours agréable. mais cela paie toujours.

Une année de discipline peut réécrire toute votre histoire financière.

Je ne suis pas mes erreurs passées. Je suis mon prochain choix intelligent.

La tranquillité d'esprit est une richesse. J'investis dans la paix.

La dette ne possède plus ma joie.

Le moi du futur est déjà fier du moi d'aujourd'hui.

La budgétisation n'est pas un fardeau — C'est une mission de sauvetage.

Ce n'est pas pour toujours. C'est votre saison de liberté.

C'est bien de se reposer. Mais n'abandonne pas.

Cette page est laissée vierge intentionnellement

☑ Annexe C : Votre liste de contrôle pour vous libérer de vos dettes

Un résumé complet de tout ce que nous avons appris dans ce livre, organisé par chapitre. Utilisez-le comme un outil de suivi personnel. Imprimez-le et affichez-le bien en vue.

🗂 COMMENT UTILISER CETTE PAGE

✔ Cochez la case une fois que vous avez terminé le chapitre, compris les études de cas, les exemples, les feuilles de travail

🖉 Écrivez la **date à laquelle vous** l'avez terminé à côté.

🔁 Revenez-y aussi souvent que nécessaire : ce ne sont pas des tâches ponctuelles.

▧ Outils de chapitre / Feuilles de travail — Liste de contrôle

☑ Nom de l'outil / de la feuille	Chapitre	Objectif (axé sur le lecteur)	Date d'achèvement
☐ Affronter le mur de la dette (exercice + feuille)	1	Dressez soigneusement la liste de chaque dette afin que la peur diminue et que la clarté grandisse.	——
☐ Exercice de réveil	2	Repérez les habitudes qui vous épuisent silencieusement, afin de pouvoir mieux choisir.	——
☐ Test « Rêve vs. Mathématiques » (fiche)	2	Vérifiez si votre idée favorise la liberté ou ajoute de la pression.	——
☐ Sujet de réflexion personnelle	2	Nommez ce qui est vrai pour vous maintenant et ce que vous voulez ensuite.	——

☐ Vérifiez votre intérêt « invisible » (auto-vérification)	3	Révélez les intérêts cachés que vous payez et arrêtez la fuite lente.	____
☐ Comparaison entre CD et carte de crédit (auto-vérification)	5	Comparez des pommes avec des pommes pour que votre argent gagne réellement.	____
☐ Qui gagne ? Vous ou la banque ? (auto-évaluation)	5	Calculez le score et changez de stratégie pour vous favoriser.	____
☐ Êtes-vous accro au chaos financier ? (auto-évaluation)	6	Vérifiez si les dépenses liées au stress prennent le dessus et réinitialisez.	____
☐ Imaginez votre chèque de paie sans dette (auto-évaluation)	6	Découvrez à quel point vos revenus peuvent vous sembler libres et planifiez-les.	____
☐ Score de préparation budgétaire (auto-évaluation)	7	Vérifiez si votre budget peut supporter la vie réelle, puis resserrez-le doucement.	____
☐ Tri des dépenses fixes et flexibles (auto-vérification)	7	Séparez les paiements obligatoires des choix pour trouver des gains faciles.	____
☐ Aperçu de ma dette actuelle (feuille de travail)	9	Centralisez tous vos soldes et taux pour commencer votre plan de jeu.	____
☐ Ce qu'il me reste réellement chaque mois (flux de trésorerie)	9	Connaissez votre solde réel restant pour cibler la dette.	____
☐ Vision chronologique de la dette (auto-évaluation)	9	Planifiez les 12 prochains mois pour transformer les progrès en élan.	____
☐ Générateur d'objectifs SMART (auto-évaluation)	10	Construisez des objectifs précis et mesurables avant de choisir votre stratégie.	____

☐ Mon plan d'action mensuel (auto-évaluation)	13	Transformez votre stratégie en actions mensuelles concrètes.	____
☐ Construisez votre mantra miroir (auto-évaluation)	14	Ancrez vos nouvelles habitudes par des affirmations lors de revers.	____
☐ Votre vision après-dette (auto-évaluation)	15	Redirigez l'argent libéré vers la paix, la richesse et vos objectifs.	____
☐ Vos 90 premiers jours sans dettes (feuille de travail)	15	Plan d'action pratique pour installer de nouvelles habitudes après la dette.	____

🧠 Quiz — Liste de contrôle

☑ Titre du quiz	Chapitre	Objectif (axé sur le lecteur)	Date d'achèvement
☐ Construire une base financière solide	1	Testez vos bases : budgétisation, ratio dette/revenu, santé financière, revenus, dépenses.	____
☐ Naviguer dans le paysage de la dette	3	Évaluez votre compréhension des dettes, intérêts et règles de décision stratégique.	____

💬 Rappel

« L'affranchissement des dettes est un cheminement, pas une course. Ces outils sont là pour vous guider, et non pour vous juger. Revenez-y, mettez-les à jour, réutilisez-les. Ils sont à vous. »

✸ Dernier mot – Mots de l'auteur

Je sais ce que l'on ressent lorsqu'on se réveille et qu'on a l'impression que l'argent contrôle tout.

Ce que vous mangez. Ce à quoi vous dites oui. Ce à quoi vous dites non.

Comment vous dormez la nuit – ou non. Le stress de devoir choisir entre la paix et les factures. La culpabilité silencieuse de se sentir « en retard », même quand on a fait de son mieux avec ce qu'on nous a donné.

Si c'est vous, j'ai besoin que vous sachiez quelque chose tout de suite :

Vous n'êtes pas en retard. Vous commencez. Et c'est là que vous pouvez être le plus puissant.

Les dettes ne vous rendent pas faible.

Vivre d'un salaire à l'autre ne signifie pas un échec. Ne pas savoir gérer un budget ou utiliser le crédit n'est pas un défaut, c'est un manque d'éducation. Et ce livre, ce voyage, a pour but de combler ce manque.

Vous avez fait quelque chose que la plupart des gens ne font pas : Vous avez persévéré. Vous avez affronté la dure réalité. Vous vous êtes posé de vraies questions.

Et que votre solde soit de 3 000 $ ou de 330 000 $, vous avez maintenant quelque chose que vous n'aviez pas auparavant :

Puissance. Clarté. Courage.

Et laissez-moi vous dire ce qui se passe lorsque quelqu'un comme vous, quelqu'un d'assez courageux pour continuer à lire, pour continuer à être présent, acquiert du pouvoir, de la clarté et du courage :

il change sa vie. Il change la vie de sa famille. Il change ce que la génération suivante pense être « normal ».

Si vous avez déjà douté de pouvoir briser le cycle du stress financier, de la confusion et de la peur, j'espère que ce livre vous a aidé à voir la vérité :

Vous êtes déjà en train de le briser.

Chaque feuille de travail remplie, chaque exercice tenté, chaque moment de réflexion... c'est vous qui changez de cap. C'est vous qui reprogrammez votre identité financière.

Alors que vous avancez, je vous laisse avec ceci :

- Continuez à suivre les étapes, même lorsque c'est ennuyeux.
- Continuez à gérer votre budget, même si vous faites une erreur un mois.
- Continuez à attaquer votre plan, même si cela prend plus de temps que prévu.
- Continuez à protéger votre paix, même lorsque le monde vous dit de tout dépenser.
- Continuez à réécrire l'histoire, même lorsque votre passé essaie de parler plus fort que votre avenir.

Et n'oubliez pas : **votre argent n'est pas qu'une question d'argent.** C'est une question de liberté. C'est choisir le repos, la sérénité plutôt que le stress. C'est ne plus demander la permission de vivre sa vie.

Il n'était pas nécessaire d'être parfait pour en arriver là.

Il suffisait d'être prêt.

Et vous l'êtes.

Alors, allez de l'avant.

Rêvez plus grand. Et quand le doute essaiera de vous murmurer à l'oreille, dites-le à voix haute :

« Je ne suis pas ruiné. Je construis. »

« Je ne suis pas en retard. Je ne fais que commencer. »

De tout mon cœur,

– Régine

« Un jour, tu regarderas en arrière et tu réaliseras que c'est à ce moment-là que tu as cessé de survivre et que tu as commencé à vivre. »

rg.

REGINE GODEFROY

AUTHOR

À propos de l'auteur

Régine Godefroy est une entrepreneure, coach et auteure qui s'engage à aider les gens à prendre le contrôle de leur argent et à bâtir une liberté durable. Forte de plus de 30 ans d'expérience pratique, elle a accompagné des particuliers, des familles et des propriétaires de petites entreprises dans le désendettement, l'amélioration de leur crédit et l'élaboration de plans financiers durables.

Elle est la créatrice de la série *Budget & Economie* , conçue pour accompagner les lecteurs étape par étape, de la budgétisation et de l'épargne (***Commencez Ici***), à l'élimination de la dette, jusqu'à la maîtrise du crédit et à l'investissement.

Grâce à ses livres, son coaching et ses cours en ligne, Regine permet aux lecteurs de passer du stress financier à la force financière, montrant que peu importe où vous commencez, la liberté est possible.

rg.
REGINE GODEFROY
AUTHOR

Continuez votre voyage avec Shopunlocked

www.shopunlocked.com

✔ **Coaching Budget et Épargne**

— établir un plan financier qui fonctionne

✔ **Coaching Élimination de la dette**

— créez votre feuille de route personnelle sans dette

✔ **Coaching Amélioration du crédit**

— augmentez votre niveau de crédit et débloquez de nouvelles opportunités

✔ **Cours pour vendeurs Amazon**

— lancez et développez votre activité commerciale en ligne

✔ **Prise en charge d'Amazon FBM**

— des conseils pour développer votre magasin avec succès

Vous avez aimé ce livre ?

Si ce livre vous a aidé, prendriez-vous une minute pour partager vos réflexions ?

Votre avis honnête sur Amazon ou Google signifie plus que vous ne le pensez :

- Cela aide d'autres lecteurs à découvrir le livre.
- Il soutient les auteurs indépendants comme moi.
- Cela m'inspire à continuer de créer des outils et des ressources pour votre parcours financier.

☞ **Scannez ce code QR et laissez votre avis sur Amazon dès aujourd'hui — et aidez quelqu'un d'autre à démarrer son parcours sans dette !**

Merci de faire partie de cette mission.

— Régine

Made in United States
Orlando, FL
05 November 2026

90231075R00154